JN117528

わが心の自叙伝

# 映画監督はこれだから楽しい

大森一樹

リトルモア

# 映画監督はこれだから楽しい

## わが心の自叙伝

目次

1988年、文部省芸術選奨新人賞の受賞後に
開かれたパーティーにて、著者と家族

## 大森一樹　随筆集……95



## 大森一樹　年譜……1

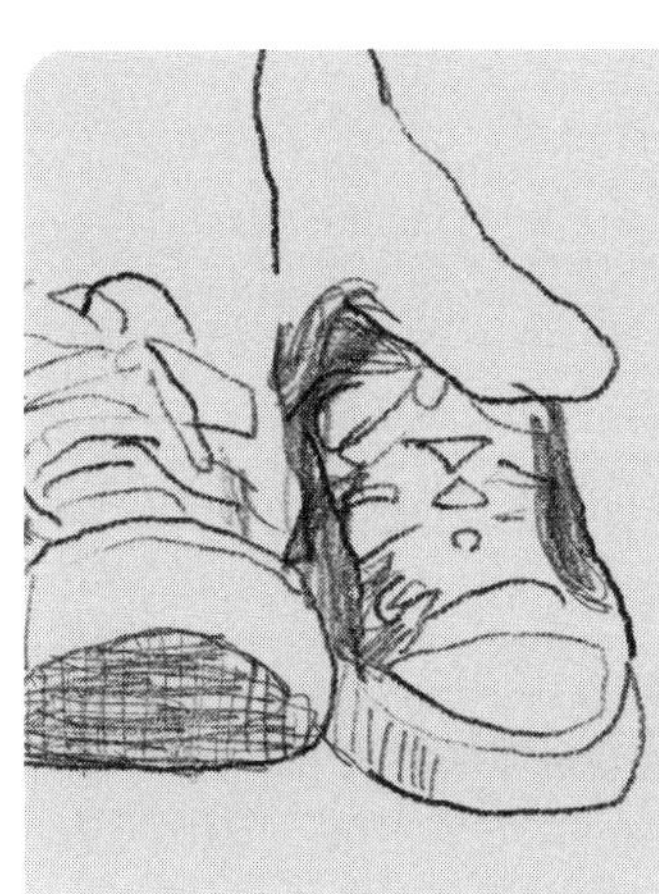

# わが心の自叙伝

2022年、古希を迎えた大森一樹監督は、
神戸新聞から連載の依頼を受け、
自らの映画人生を振り返るエッセイを綴った。
病気の治療を受けながら書き上げた原稿は24篇。
その後、惜しくも11月に逝去され、
生前最後のエッセイとなった。

# 1 映画作品の記憶

**まだ**学生だった私がシナリオの城戸賞を受賞したことから、松竹で監督デビューすることになった『オレンジロード急行』は、自動車泥棒を続ける老人カップル、嵐寛壽郎さんと岡田嘉子さんに若者たちが翻弄されるという青春映画だった。過日大阪芸術大学の講義で上映することがあり何十年ぶりかで再見、この老人二人の設定が七〇歳であったことに改めて気づき、いささか愕然（がくぜん）とした。シナリオを書いた時、私は二五歳で、両親ですらまだ七〇歳になっておらず、七〇歳など想像もできない別次元の年代だった。

今年三月で七〇歳になった。とはいえ、そんな歳に自分がなるなど想像もしていなくてあまり実感がなかったが、四十五年前のこの映画を若い学生たちの前で語る時、自分がアラカン、岡田さんの側になっていることは受け入れざるを得なかった。作品が残る限りいつでも一瞬にして過去の自分に戻ることができるのは、映画監督の幸せと言えるかもしれないが同時に、去ってしまった若さ、向かってくる老いを目の前に突き付けられることもあるわけだ。ならば、七〇歳のこのあたりで自分の映画作品を振り返ってみるかと思っていたら、「わが心の自叙伝」の連載の話をいただいた。

一〇年日記をつけている。この年末で三冊目を終えるので三十年、一万日以上、我ながらよく続けてきたものだと感心する。最初のうちは毎日メモ程度で埋めていたのが十年、二十年続くと、人生に空白の一日などあってはならないと強迫観念も生じてきて、一日でも空白ができると、昨日の夜は何を食べた、何処で飲んでいたなど電話で聞きまくって行動を繋(つな)ぎ合わせていくこともしばしば。さらにここ数年はメモ程度では収まらず、時間単位で一日の行動を書き込まないと気が済まなくなり、一〇年日記を書くのが一日のかなりヘビーなノルマに。字はどんどん細かくなり読むのも一苦労だ。そもそもこんなものを誰が読むのか。死を前にして自分が読み返すか、自分の死後、妻や子供たち家族が読むか、どちらもないような気がするが。

とにもかくにも、我が人生の三十年分は毎日書き残してはいる。がしかし、それは記録に過ぎない。自叙伝が、記録ではなく記憶であることは言うまでもない。ただ、一日の終わりに今日の出来事、会った人、食べたものを必死になって思い出す作業には何か意味があるはずだ。最近その理由に気付いた。何のことはない、呆け予防対策だ。

単なる記録でも、呆け予防対策でもない、わが心の自叙伝。ご愛読していただければ幸いです。

映画好きだった父、
郁乎（いくや）さん（右）と著者

## 引っ越し 2

生まれた大阪東住吉区の家から兵庫県の芦屋市に引っ越してきたのは一九六二年、小学校四年、一〇歳の時でそれ以来六十年、現在に至るまで芦屋市の住民である。

母は神戸生まれの神戸育ちで大阪に嫁いできたが、いつか岡本か御影に住むと思い続けてきたと聞いた。父は医師で、神戸の岩屋の神鋼病院（現・神鋼記念病院）放射線科に大阪から二時間近くかけて通勤していた。今考えても、何故という疑問のない道理に従った引越しだったと思う。母が何度も足を運んで見つけてきた物件は、阪神電車打出駅から徒歩十分、国道二号線の南側の戸建てで、九五年の震災で全壊するまでずっと「我が家」だった。

大阪の下町から国際文化住宅都市への環境変化は想像されるほど大仰なものではなく、とりわけ阪神沿線は庶民的で商店街があれば駄菓子屋もあって、子供心にはちょっとすましたところ程度だった。ただ、家から歩いて近くの図書館、公園、神社が並んだ一帯は特別で、こんなノスタルジックでファンタジーな街並は大阪どころか日本のどこにもなかったと、今でも信じている。

打出公園には滑り台、ブランコ、砂場など定番の遊具の他に動物がいた。村上春樹さんの『風の歌を聴け』で一躍有名になった猿の檻(おり)は、黒い金属ネットで覆われた全方位型のいかにもという檻で猿が何匹もいた。他にも鳥の檻、リスの檻があった。それら檻越しに見える石造りの芦屋市立図書館打出分室は、私の少年時代の原風景と言ってもいい。すぐそばの打出天神社では夏祭りの夜、境内に大きなスクリーンが張られ野外上映があり、『宮本武蔵』『独眼竜政宗』などチャンバラを地べたに座って大勢の人々が見ていた。

その年の秋、打出駅が造花と紙テープで飾られた。阪神タイガースがリーグ優勝したのだ。大阪では、杉浦野村の南海ホークスが地元球団だったが、こちらに移ったからには阪神タイガースかと。なにせ小学校で「阪神タイガース子供の会」の入会用紙を担当の先生からもらって入会したら、年何度か甲子園球場に入場できた。おまけに一年置いて六十四年も優勝したものだから、確信的なタイガースファンとなるのは当然だった。ただ、それから二十一年も優勝から遠ざかるとは夢にも思わなかった。

野球だけでなく、戎さんも映画館もデパートも電車に乗ればどこにでも行けた。大きくもない街に阪神、阪急、国鉄（当時）の駅が全部で四つも。電車が遠かった大阪の家と一番違ったのは多分それだったかもしれない。日曜の夕刻、阪神電車で三宮に行き、そごうからセンター街を抜けて元町まで、食事をしたり買い物をしたりするのが家族の何よりの行楽だった。小学校六年になると日曜に私立中学入試の模擬試験が神戸の会場であり、友達と三宮や元町通りを寄り道して帰るのが楽しみだった。会場は三宮ならＹＭＣＡ、元町なら中華同文学校だったことを思い出したのも、村上春樹さんの『中国行きのスロウ・ボート』だった。そうか、村上さんも模擬試験を受けに行っていた小学生だったんだ。

## 3 映画に夢中

**最初**から映画監督になろうと思っていたわけではない。何よりまず映画が好きにならなければ、映画監督になろうなどとは思わないのが当たり前だ。と思っていたのだが、そうでもないらしい。大阪芸術大学の映像学科長に就いて二十年近くになるが、ここ最近、映画はあまり見ないけど映画監督になりたいという若い人が少なからずいることに驚かされる。どんな映画が好きかと聞いても、特にないのである。正直に申せば全く理解できないのだが、私はもう旧いのだろうか。

私の場合、中学生の時に映画が好きになったとはっきりと言える。その契機のひとつは、当時始まった淀川長治さん解説の「日曜洋画劇場」(最初は土曜だった)。ヒッチコック、ボガードから『手錠のままの脱獄』『恐怖の報酬』と、今から思えば、この国の一千万人以上の人たちがテレビで同じ時刻に同じ映画を見ていたのである。それはもう映画が国民文化の時代だったと言ってもいいだろう。今、映画の数は桁違いに増えた一方で映画が人々の共通の話題にならない現実を思ってしまう。

もうひとつは、映画館通いにはまったことである。その頃、二番館、三番館と呼ばれる旧作上映の映画館が駅ごとにあった。今津、西宮、深江、青木。条例でパチンコ屋が一軒もない芦屋ですら芦屋会館という名の映画館があり、『エデンの東』から『大脱走』まで、秀作愚作が混然とあふれていた。最新作は三宮に出ればいつでも見ることができた。学校の中間期末試験が終わったら、どこの映画館に行こうかとそればかり考えていた。

映画館は大抵父が一緒だった。陸軍軍人だった父は戦争映画が好みではあったが、喜劇から西部劇まで何でも見た。後に大学医学部に進んだ私だが、医師である父から映画以上に医学を教わった記憶はない。

その父と共々興奮し続けて二回見た『007/ゴールドフィンガー』は中学二年の

時で、その面白さは私の映画への考えを変えた。映画は少年少女の夢物語以上に大人をたっぷり満足させる娯楽で生涯を通して見飽きない、職人たちの芸だと確信した。それから前作『殺しの番号』『危機一発』（当時のタイトル）と共に、その年の暮れの『サンダーボール作戦』まで繰り返し何度も見た。家でも学校でも007だった。その究極は中学三年生の夏休みにやって来た。『007は二度死ぬ』の神戸ロケである。

神戸新聞夕刊の片隅にあった「007、神戸港でロケ」の記事だけを頼りに大胆にも一人で向かった神戸港の突堤に、撮影隊らしき一団を見つけた。近づいて行くと誰にも止められないまま撮影現場のそばまで。港湾関係のおじさんが親切にも「兄ちゃん、こっちからよう見えるで」と倉庫の階上へ。大人数の外国人スタッフが椅子やマットに寝転がって、大きなアイスボックスの周りで寛いでいるのが見えた。少し離れた所に撮影クルーのカメラも。映画の撮影現場を見たのは生まれて初めてで、こんな楽しそうな所なら映画監督になりたいと思った。それが最初だった。

# 中学受験 4

## 母の悲願

悲願は岡本か御影に住むことだったと書いたが、もうひとつあった。それは息子を灘中に入れることだった。そのための努力は惜しまなかった。進学塾などない時代である、熟練の家庭教師を探して招き、通信添削を届け、日曜には模擬試験に送り出した。が、その甲斐もなく悲願は叶わず、母は大いに落胆した。私はと言えば、問題集相手の受験勉強はもう沢山で、そこからの解放感は次の大きなステップになった。実際、芦屋市立の精道中学は、今思い出しても伸び伸びと過ごした三年だった。何より我が人生を決定付ける「映画」との出会いがあった。だからといって、不合格で良かったというものでもなく、灘中に進んでいればまた別の出会いもあっただろうと思う。

『ボクが病気になった理由』（一九九〇年）の主役はラサール石井さんだった。四学年下であるが、彼も灘中落ちの一人だったということである。当時話題の入江塾から灘受験で不合格となった日、入江先生に「お前の目は死んでいる」と活を入れられ、そのまま鹿児島ラ・サール高校の受験に向かったという。テレビでよく紹介された入江塾の一人だったのかと興味深くそんな話を聞いた。彼の場合は、灘に合格していたら確実にラサール石井という名は存在しなかったわけだ。

映画と言えば、００７にマックィーン、『サウンド・オブ・ミュージック』『グレートレース』あたりにうつつを抜かしていた中学二年生だった。その頃、高校生の姉が灘高生に誘われて文化祭に行き持ち帰った灘の文芸誌を開くと、中学三年生がミケランジェロ・アントニオーニ監督の『赤い砂漠』の映画評論を書いていた。やっぱり灘中は違うなあと感服した。

「愛の不毛について書く―」で始まる一文の著者は高橋源一郎とあった。一学年上の高橋源一郎さんのことは、一九六九年東大入試中止で受験できなかった灘高生のテレビドキュメントで当時知った。高橋さんの小説『さようなら、ギャングたち』がＮＨＫ

でラジオドラマ化された時、私が脚本を書いた。結構面白くできた記憶がある。主演の声で出演した泉谷しげるさんが、これラジオだけじゃもったいないから映画にしませんかと言ってくれたが、残念ながら実現しなかった。

故中島らもさん原作の『ガダラの豚』の監督の話も実現しなかった一本だ。東映京都撮影所で企画され西岡琢也氏の脚本まで出来上がっていたが、当時の日本映画ではアフリカロケは大きなネックだったようだ。らもさんも灘である、しかも同じ一九五二年生まれ。同じ日同じ場所で受験して向こうは合格、こちらは不合格だったとずっと信じていた。映画化の打ち合わせで初めて会った時に、まずその因縁を話したら、らもさんは五二年の四月生まれと知った。何のことはない、三月生まれの私とは一年違いだった。三十年以上ずっと胸の奥にあったもやもやは一瞬にして消えた。

だからどうしたんだではあるが、中学受験だけでこれだけの逸話があるのだから、やはり灘中恐るべしである。

# 高校で映研創設 5

**かって**全ての映画はフィルムで撮影され、編集したネガからプリントされたフィルムで上映されていた。今は、撮影はメモリーに記憶され、データで編集、ハードディスクに収められて上映される。映画がフィルムで作られた時代は、百年続いたが、終わったのである。我が大阪芸術大学映像学科でも映画の授業、実習は全てフィルムで行われていたが、フィルムで映画制作する実習は一科目だけとな

富士フイルムから発売された
「シングル8」を手にする著者

った。できる限りフィルムの実習は続けたいとは思うが、国内の大手フィルム会社は映画フィルムの生産をすでに止めていて、海外製がなくなればそれまでである。

　前置きが長くなった。放射線科の医師だった父が診察室で大きなレントゲン写真を蛍光灯にかざして見ていた姿を思い出す。フィルム産業の縮小、消滅が時代の流れであるなら、放射線科からもフィルムはなくなったことだろう。映画からフィルムがなくなって初めて、私も父もフィルムを仕事にしていたことに気がついたのである。

　富士フィルムがシングル8という、カートリッジを入れるだけで八ミリ映画が撮れるカメラを発売したのは一九六五年、中学二年の時だった。後に大臣にまでなる女優さんが「私にも写せます」と微笑(ほほえ)むCMを覚えている人は多いだろう。その見本品が会社から一台、我が家に贈られて来たのは、多分父のレントゲン写真の貢献があったからだと思う。とはいえ、それで撮るものは特になく、家族か庭の犬、せいぜいが修学旅行に持って行くぐらいだった。それが高校の文化祭で映画を作ることから、以後私の必修アイテムとなった。

　六甲高校に入学した私は、映画を見に行くだけで学校に届けないといけないと知って、えらい所に来てしまったと思ったが、映画好きは何処にでもいるもので、すぐに友達何人かが集まり、映画研究会にして学校に認めさせれば堂々と好きな時に映画を見に行ける、うまくすれば学生割引券を学校で配ってタダで劇場に入れてもらえるぞ、などと創設。その程度だから、定期試験の後や休日にみんなで三宮の映画館に出かけるくらいの同好会だったが、三年生ともなると映画雑誌を読みかじり、ゴダールだ大島だとわかったようなことを。大学紛争が高校に飛び火し始めた頃、後に村上龍氏が『69 sixty nine』で描いた高校生反乱の時代だ。高校映研のあちこちで造反有理、自己表出と、映画を作るところも出てきた。それらのほとんどは八ミリ映画だった。

高校粉砕を叫んで生徒が教室に乱入するという我が監督第一作は、八ミリフィルムに録音機能がなく、テープに入れた音と画面も同期せず、ただでさえ独りよがりで難解な映画が体をなさないものとなり、とても上映できない。大急ぎで冬の競歩大会で撮影したフィルムを編集して上映したら、映っている先生、保護者から好評で、我が第一作の方はその後上映されることはなかった。

その後、六甲映研は我々一代限りで終わったらしい。四年後輩の黒沢清巨匠に聞いたところ、冷たく「そんなものはありませんでした」と。

## 6
## 8ミリ映画への情熱

高木敬三君は、今も甲子園口でクリニックを開業している精神科の先生である。初めて会ったのは高校三年、阪神間の高校生が作った八ミリ映画の上映会だった。前年、麻布高校の原正孝（現・将人）さんが『おかしさに彩られた悲しみのバラード』でフィルムアートフェスティバル東京のグランプリを受賞、高校生の映画作りが一躍脚光を浴びた。そうなると、六甲高校文化祭ででっち上げた我が第一作も上映される機会を得ることに。高木君は甲陽高校から自作『17セブンティーン』を持って来た。上映会場に入るなり、「帰るなあ！」と絶叫していたのが彼だった。映写機トラブルの処理が長引き席を立とうとしていた何人かが凍りついていた。わざわざ見に来てくれた観客を怒鳴るとはと思ったが、映画への愛情がそれだけ熱い男なのだと理解した。主催した関西学院高等部の村上知彦君は前衛美術集団「具体美術協会」の故村上三郎氏の長男で、彼ともこの時が初対面だったが、後に私のエポックメイクとなる自主映画『暗くなるまで待てない！』の製作・共同脚本・主演を務めることになる。

そのように八ミリ映画から広がった友達の輪ですっかり忙しくなって受験勉強は次第に遠のき、浪人。当時お決まりのコースだった大道学園に通うこととなった。

大道学園は御影にあった大学受験予備校で、ウィキペディアによれば「地元の有力進学校である神戸高校、灘高校、六甲高校、甲陽高校などの優秀な浪人生が学び、全国区の大手予備校が進出する以前の一九五〇〜一九八〇年代には、西日本でトップクラスの大学進学成績を残した」とある。ただ、御影から阪急電車に乗れば三宮がすぐという環境は、授業を抜け出して映画館に行くことがしばしば。『赤頭巾ちゃん気をつけて』から『いちご白書』まで、時代の映画はやはりその時に見ておかなくてはと今でも思う。

『東京戦争戦後秘話』で原正孝さんが大島渚監督の脚本を担当、すでに一歩も二歩も先に映画の道を進み始めていた。三島由紀夫の自決を知ったのも大道学園の教室だった。そんな風にして一九七〇年は過ぎて行き、気が付けば次の年の春、願書を出した全ての大学に不合格という結果に。

二年目の大道学園の教室で高木君と再会する。もう一本八ミリ映画を作っているうちに浪人したとか。こんな所でと運命に感謝。全ては入試が終わってからと自粛の日々、授業の空いた時間や終わった後、高木君とのコーヒータイムが息抜きとなった。高校の時見た映画の話に始まり、大学でどんな映画を撮ろうか、いやまずシングル8の最新型を手に入れるんだとか。まだ喫茶店の少なかった御影周辺を探索してそんな話で盛り上がった。灰色の二浪生活にほんの少し陽が差した。次の年、二人共に志望校に合格。大学に入ると私はすぐに八ミリ映画を次々撮った——『ヒロシマから遠く離れて』『空飛ぶ円盤を見た男』『明日に向って走れない！』

大道学園は二〇〇五年に閉鎖され、その後取り壊された。浪人たちが夢を語った跡はもうない。

## 7 大学に合格

父が医者だったからか、二年も浪人したからか、とにもかくにも医学部に入学。しかし、まだ医者になろうと決めたわけではない、と言えば悪あがきのようだが、京都府立医科大学を選んだことにその意志は見えるだろう。それは、そこが北山修さんのいた医大であることに他ならない。

ザ・フォーク・クルセダーズの『帰って来たヨッパライ』が、ラジオの深夜放送で

大学時代の著者

毎晩のように流れていたのは一九六七年。そのコミカルでシュールな楽曲は今までにないものだったが、それ以上に歌っている三人が京都の現役大学生で、中でも北山修さんが医学生だったことはちょっとした衝撃だった。

一生の仕事とは、会社員であるとか銀行員であるとか、医者、教師、弁護士とかで、歌が好きだから音楽、バンドをやりたい、映画が好きだから監督、評論家になりたいなどと言えば、そういうのは趣味で仕事ではないと親や教師が口を揃えた時代である。ビートルズの来日会見で「今はそんなことをやっているが、大人になったら何になるの?」という日本人記者の極めて常識的な質問に、「もちろん、ビートルズさ」という返答は痛快だった。

フォークルの音楽的なこととはまた別にして(加藤和彦さんとは後に『花の降る午後』他四本の映画音楽を担当してもらった)、大学生のアマチュアバンドがラジオ、テレビに何のてらいもなく出演、自分たちの言葉で喋り、歌う姿は何より新世代を感じた。思いもよらないメディアの展開に北山さんは、趣味で終わらせるはずだった音楽活動を続行、ただし一年の限定で大学に戻ると宣言。それはとても格好良かったし、何よりもそんな医学生の選択があるのかと教えられた。学生運動華やかなりし頃、批判の声もあったが、北山さんは一年フォークルをやった後、医大に戻った。医学を取るか、映画を取るか、いまここで結論を出さなくてもいい、時期が来れば自然に結論は出るものだ。その通りだった。

北山さんは私が入学した一九七二年春に卒業、その後、札幌医大で二年の研修をしてロンドンに渡航、結局私が在学している間に一度も会うことはなかった。ただ、一度だけ『オレンジロード急行』を監督した後戻った大学で、あまりの成績の悪さから教授に呼び出されたことがあった。「北山君は歌も歌ってたけど、勉強もちゃんとしてたよ」。在学時、北山さんの名前を耳にしたのはその時だけだったと記憶する。

北山さんと初めて会ったのは随分後になる。大学を卒業した八〇年、『ヒポクラテスたち』の出演をお願いに行った大阪のラジオ局だった。北山さんは、何年も前から知り合いだったように「僕の後、いろんな人が医大から出てくるかと思っていたのだけど、大森君だけだったね」と。もちろん出演は快諾、その後、還暦記念他のコンサートに度々招待していただいた。打ち上げの席で一世代上に囲まれた弟分の居心地はとてもよかった。ここしばらく会っていないが、大学（白鷗大学）の学長をされているとか、私も大学の学科長。共に医学部ではないが。

## 8 自主映画「最後の一本」が高評価

私の入学した一九七二年当時の医学部教育の情報量は現在の半分にも満たないそうである。半世紀の医学の進歩を想像すれば当然のことだろう。病気の数も増え、治療法も開発され、その上クオリティー・オブ・ライフ、インフォームドコンセントなど倫理まで、医学教育が六年では足りなくなったと言われるのももっともである。

私たちの最初の二年の教養課程では医学の授業はほとんどなく、ドイツ語を除けば数学、物理、化学、歴史など高校の延長のようなもので、受験勉強後の一休み感さえあった。八ミリ映画を次々と何本も作ったことは書いたが、それ以外でも時間を見つけては映画館に通った。

全国の映画ファン羨望（せんぼう）の京一会館はすぐ近くで、日本映画四本立て二〇〇円、祝日前にはオールナイト五本立てがあり、一日九本見たこともあった。月二回の「キネマ旬報」を隅々まで読み、夏休みには投稿で知り合った東京の友人宅に泊まって、文芸坐他の名画座を見て回ったりもした。

高校、予備校時代からの友達、村上知彦、高木敬三らと毎週末飲んでいた三宮高架下の金盃森井本店で知り合った仲間で「無国籍」なるグループを作り、新開地の福原国際東映で毎月オールナイト五本立ての上映会を催した。グループサウンド映画大会では『帰って来たヨッパライ』、特撮怪獣では最初の『ゴジラ』を上映、全国の映画マニアが新開地にやってきた。鈴木清順監督特集では、深夜にもかかわらず監督本人にわざわざ来ていただき一同感激した。

そうやって映画に明け暮れた二年の結果は、進級判定不合格。これはさすがにこたえた、二年も浪人してここまで来て何をしているのか。映画とは決別して医学に舵を切る時だと。ただ、最後に一本、「無国籍」の仲間と映画を撮って、それで終わりにしようと。

初めての一六ミリ映画『暗くなるまで待てない！』は、神戸の映画青年たちが、映画館が暗くなるまで待てなくて自分たちで八ミリ映画を撮る映画だった。吸血鬼も夜の暗闇が待てなくて昼間から出現する。ヒロインは元町の路上でアクセサリーを売っていた女の子。製作資金は居酒屋の常連が競輪で当てた金。地元サンテレビから、報道番組のカラー化で不要になった大量のモノクロフィルムを無償で譲り受け、ほぼ現像費だけで撮影を終えた。

ピントが合っていない、照明が当たっていない、唇と台詞が合っていない、今見ると目を覆いたくなるが、実際、大阪芸大の学生に見せて、君たちの年に僕らはこんな映画を撮っていたんだと自慢するはずが、途中で上映をやめたくなった。それが予想以上の評価を得た。

東京を中心に若手新人監督たちの自主映画が日本のニューシネマともてはやされた時期、神戸産の関西弁の映画は好意的に迎えられたようだ。仕上げ費の無知から資金が滞り何度か延びたが、結局総額一〇〇万円ほどで完成。三回生進級にも間に合った。北山修さんが音楽活動の最後にと制作したレコードから『帰って来たヨッパライ』がブレイクしたことが頭をかすめた。

# 9 「城戸賞」受賞 まさか 松竹で監督デビュー

『オレンジロード急行』（1978年）の撮影現場にて

「ぴあフィルムフェスティバル（ＰＦＦ）」は現在でも新人映画監督の登竜門の一つで、わが大阪芸大映像学科生、ＯＢたちの目標になっている。

「ぴあ」は一九七二年に創刊した映画・音楽・演劇の情報誌で、社長の矢内廣氏は私より二歳上の中央大学映画研究部で、仲間たちと卒業を前に起業した。そんな彼らに共感するところがあったのか、『暗くなるまで待てない！』は矢内社長以下若い社員に熱く支持された。「ぴあシネマブティック」という名で上映イベントが催され、これが後に「ぴあ展」を経てPFFとなったのである。

そんな時代の流れと幸運な出会いもあり、これで最後と思って作った映画は意に反して、地方の自主上映会、池袋文芸地下劇場の一般上映と広がり、映画関係のマスコミ、監督、プロデューサーらの関心も集まり出した。

大林宣彦監督との出会いもこの時だ。大林監督はその頃、チャールズ・ブロンソンを使ったコマーシャルフィルムなどで業界の巨星、個人映画を何本も製作、すでに私たちのレジェンドだった。とりわけ『EMOTION＝伝説の午後・いつか見たドラキュラ』は『暗くなるまで待てない！』の原典ともなる映画で、大林監督に見てもらうことを熱望、人を通じて実現した。ウエスタンブーツで現れた大林さんは、まるでジョン・ウェインの映画から出てきたようだった。「やぁやぁ、君が大森君かい」と分厚い手の固い握手に感激。五年後の私の結婚式では媒酌人を務めてくださった。

解剖実習など専門課程の授業には真面目に出席する一方、週末や休日が続くと、東京や招かれた全国各地の上映会、大学祭などに出向いた。そのせいだろうか、四回生から五回生でまたしても足踏み。ただもうここまで来ると開き直りもあり、ではこの一年でまた映画やるかと。「次はどんな映画を？」「今何か映画を構想してますか？」

と行く先では必ず聞かれた。あまりに言われるので、脚本ぐらいは準備しておこうと書き出した『オレンジロード急行（エクスプレス）』の脚本は大体出来上がっていた。ただ製作資金のめどはなし。大ざっぱに一千万円くらいか、といってもそんな簡単な代物ではない。「ぴあ」の矢内さんはもちろん、後にドーム型の移動映画館を作る荒戸源次郎さん、京都に自分の映画館を持っていた高林陽一さん、いろんな人に相談したが難しい。今ならわかるが、回収のめどがない出資はあり得ないのである。

　来春の大学復帰を考えればデッドエンドが近づき、せっかく書いたのだからと、日本映画を担う脚本家育成を目指す城戸賞にシナリオを送ったところ、思いもかけずの受賞、と同時に松竹からこの脚本をどうするのかと相談。「賞もいただいたので出資もあるでしょう、自主制作するつもりです」

　これが「自分に監督させるなら、脚本を渡してもいい」と言ったとかという話もあるが、「城戸賞初受賞作品はぜひ松竹で映画化を、監督はあなたで」に驚いたのはこっち、信じられなかったが、話は転がるように進み、「日本映画に久々の二十代の監督。助監督経験なし」の記事が。映画は七八年三月末に完成し四月に全国公開。私は大学に戻り医学部五回生の再スタートを切った。

# 『ヒポクラテスたち』清順、黒澤に並んだ! 10

当時『ヒポクラテスたち』（1980年）を上映していた日劇文化にて

映画会社は、映画を全て自社の資本で作り自社の映画館で上映し利益を得る製造業だった。映画監督はそのための独自の人材であり、映画会社が育成した。大学を出て入社、撮影所で助監督として十年から十数年修業した後に監督となる、一九七〇年代の日本映画ではまだそれが常識とされていて、映画会社は東宝、松竹、東映、日活の四社だけだった。

まどろっこしい話を書き連ねたのは、二五歳のただの映画少年が松竹映画の監督をすることが、当時どれだけ衝撃的なニュースだったか、誰でも名乗れば映画監督になれる現在からは想像もつかないと危惧したからだ。だからといって、自慢しようというのではない。誰でも映画監督になれない時代は、それだけ映画監督になりたい人が多いということに他ならない。助監督十数年の人もいる、自分の方が才能があるという映画青年もいる。「羨望の的」がいかに疲れることか、「出る杭（くい）は打たれる」を実感もした。快挙というよりブーイングの声が多い気さえした。

『オレンジロード急行』が公開され、興行成績がさほどのものでもないとなると、潮が引くように狂騒は去って行き、医学部の最後の二年を過ごすべく京都に戻った。昨年逝去されるまで生涯に渡って私の伴走者となる映画プロデューサー、佐々木史朗さんから連絡があったのは一年が過ぎた頃だった。

ＡＴＧ（アート・シアター・ギルド）は一九六〇年代に国外の芸術映画の配給・上映から始まった会社で、七〇年代には独立プロと提携し低予算の日本映画の野心作を次々製作していたが、芸術と興行の問題などから体制を変革、佐々木さんは新しい社長に招かれたばかりだった。『暗くなるまで待てない！』の東京上映で初めてお会いして以来、監督としての私に興味を持たれていたようで、新生ATGのラインアップに大森も入って欲しいんだが、どうだろう？　と。

それはぜひに、ではあるが、医学生の日々では具体的な映画企画の持ち合わせなどない。とりあえず、医学部最終学年の臨床実習というのは毎日発見があって面白く映画にならないかと思っていると話したら、それはいいかもしれないとなり、『ヒポクラテスたち』は始まった。

その年のうちにシナリオを書き上げ、キャストも面接して古尾谷雅人、柄本明らを、自主映画から内藤剛志、キャンディーズを解散したばかりの伊藤蘭と準備は進んだ。明けて八〇年二月、難関の卒業試験をなんとかクリア、四月の医師国家試験も終え（撮影中に不合格を知らされたが）、五月京都・葵祭からクランクインした。十一月に完成、公開。

『暗くなるまで待てない！』の素人的幸運から『オレンジロード急行』の出る杭を経て、ここぞという局面。医学生しか見に来ないのではという不安は杞憂に終わり、初めて医学生の青春を描いた『ヒポクラテスたち』は普遍的な青春映画として迎えられた。八〇年キネマ旬報のベストテンでは『ツィゴイネルワイゼン』『影武者』に続いての三位。ただの映画少年が鈴木清順、黒澤明に並んだのである。ベストワンよりも感激だった。

# 11 映画『風の歌を聴け』村上春樹さんとの出会い

芦屋市立精道中学の一年生の時、クラスで小説を書くのが流行ったことがあった。女子生徒の一人が原稿用紙に書いた冊子を回し読みするのである。一人の女の子の家庭をめぐる物語が毎週書き連ねられ熱心な読者はそれを楽しみに待った。そのうち私も僕もとなり、何冊かの小説もどきが教室に出回った。

私もその一人となり、その頃見た植木等のサラリーマン映画を、中学を舞台に置き換え執筆した覚えがある。いくつかが担任で国語の先生だった広井先生の手に渡り、先生はその稚拙な読み物に苦笑いして、昨年自分が担任だった三年生にとても中学生とは思えない文章の上手な生徒がいたことを教えてくれた。

一九七九年の夏、村上春樹著『風の歌を聴け』を新聞の広告で見た時、これはあの時広井先生が言っていた村上さんではないかと直感、すぐに購入して読んだ。フィアットが激突する猿の檻（おり）のある公園、これはあの打出公園だろう。舞台の街は明記されていないが芦屋だ。ぜひ映画にしたい。早々に佐々木史朗さんに持ちかけた。『ヒポクラテスたち』はまだ脚本も最後まで出来上がっていなかった。普通ならまずそちらを仕上げてからだろうが、佐々木さんは私の話に「面白そうだね」。一部では話題になっていたものの発行部数はまだ数万部で（現在は文庫も合わせて二〇〇万部だとか）、それで客の入る映画になるのかと出版社ですら心配してくれたが、芦屋神戸オールロケの低予算で作れば勝算はありますと。

当時、村上さんは千駄ケ谷の「ピーターキャット」という店のマスターで、そこにあいさつに伺ったのが最初だった。精道中学に始まって、「猿の檻のある打出公園には車は入れませんよね」とか、「公園から見える芦屋市立図書館」といった話だっただろうか。映画の話は村上さんの、「芦屋会館は住み込みで働く女性のための映画館だったの知ってる？」くらいの記憶しかない。

次の年の秋、『ヒポクラテスたち』は完成、試写が始まった。何の予告もなく村上さんが試写室に現れたと聞いた時には、少し身構えた。当然その反応は気がかりだったが、月刊「太陽」に掲載された「中産階級的光輝に充ちた映画青年のさっそうたる哲学が脈打つ」というタイトルの映画評はとても好意的だった。これならばと自信を持った。

『ヒポクラテスたち』が公開され、作品の評価は上々、興行も好調、次回作の話題が出る監督の仲間入りもした。正式に映画化のお願いをと「ピーターキャット」に向かった。帰り道、佐々木さんに「大丈夫みたいだね」と言われた時はとても幸福な瞬間だった。

次の年の夏の終わり、『風の歌を聴け』はクランクインした。貸し切りの夜行高速バス「ドリーム号」で東京から神戸に撮影しながら移動、甲子園口の一軒家に、キャストも地元ボランティアも含む全スタッフが合宿しての撮影は予定通り三週間で終わった。製作費は二〇〇〇万円に収まった、はずだ。

毎年ノーベル賞の時期になると多くのマスコミから予定コメントの依頼が来るが、村上春樹さんとお会いしたのは、後にも先にもこの時だけである。

## 12 結婚 家庭を維持できる監督に

阪神・淡路大震災で崩壊した阪急会館の九階にあった阪急文化劇場はアート寄りの映画館で、ゴダールの『男性・女性』からATGの『儀式』『心中天網島』など、六甲高校映研時代には小難しい顔で通ったものだ。

『風の歌を聴け』を地元神戸で公開するのには相応な劇場で、私には少し誇らしくもあった。とはいえ、少し離れた劇場で相米慎二監督の『セーラー服と機関銃』に超満員の客が入っているのを見ると、こちらの場内の寂しさにため息も出た。やっぱり映画は客が入らないと見限られるとも実感。現実に相米さんは仕事が続いたが、私は途絶えた。

前の年、大林宣彦監督ご夫妻の媒酌、鈴木清順監督を主賓に北野クラブで結婚披露宴を催した。長女も誕生、家族を持つ大人になった。映画監督になりたいのですけどと訊く学生に、家族がいなくて自分独りならそんなに難しいことではないと答えるが、職業としての映画監督がその仕事で家庭を維持しなくてはならないことは大人にならないと理解できないかもしれない。

妻は医大の同級生で、留年を繰り返す私より早く眼科の医者になっていて、そちらの方が大人の収入があった。佐々木史朗さんが、テレビの二時間サスペンスの仕事を用意してくれて、これはやらなくてはと取り組んだが、脚本家、プロデューサーとうまくいかず降板、職業としての映画監督は失格だった。

母校の京都府立医大から話があったのはそんな時だった。泌尿器科の渡邉泱教授からで、在学時それほど面識はなかったが、『ヒポクラテスたち』の評判を聞いて医学映画を作ってくれないかと。教授が開発した前立腺の早期診断装置を紹介する『前立腺の病気と予防』。従来の学術映画のようなカチコチではなく、柔軟なものをとの要望。なるほど、それならと前立腺の勉強をして、ちょっとしたドラマ仕立ての脚本にして撮影に入った。

撮影は府立医大病院ではなく市内の関連病院で行われたが、後で教授から聞けば「大森君がまだ国家試験に通ってないことをあれこれ言う病院関係者がいるんだよ」。

その頃、医師国家試験は春と秋の年二度あったが、卒業した最初は不合格、二度目の秋は『ヒポクラテスたち』の公開と重なってパス。三度目の春も不合格。どうせ医者にならないなら、もういいかとも半分思っていた。

そもそも医師国家試験は落とす試験ではなく、当時の府立医大なら九〇％前後の合格率だったろうか、それを二回も落ちるとは、である。府立なのだから合格してくれないと府議会がうるさいとかの噂は耳にしていたが、実際そういうこともあるのかと知って反省。今の間に合格しておこうと三〇歳を過ぎて受験勉強に取り組んだが、現役の医学生時代から離れると、さらに疎くなることを知らされた。結局それから三回受験、一九八三年春やっと合格。これでもう医学から離れられると正直ほっとした。

『前立腺の病気と予防』は国内外の学会で好評だったそうで、二年後、渡邉教授から『尿路結石と微小発破』という医学映画を再度依頼された。今度は府立医大病院で撮影した。

# 13 渡辺晋さんとの映画製作 雲の上の人と幸せな時間

『すかんぴんウォーク』（1984 年）
撮影現場で吉川晃司さん（左）と著者

**小学**校六年のお正月、受験前なのにと顔をしかめる母を横目に父が三宮の劇場に連れて行ってくれたのは東宝の二本立て『海底軍艦』『香港クレージー作戦』。空想科学軍事映画と痛快音楽喜劇の面白さはいまだに忘れられない。今から振り返ると、私の映画監督の原点はこの二本立てではなかったかと思うこともある。両映画のプロデューサー、田中友幸と渡辺晋は日本映画史に名の残る二人だ。その

二人と一緒に仕事をすると誰が想像しただろう。私にとってまさに夢のような話である。

渡辺晋さんはテレビ番組の自社制作で芸能プロビジネスを確立させた人だが、映画でも一九六〇年代、クレージーキャッツやドリフターズ他の自社タレントで娯楽映画のヒット作を次々生んでいた。

その後しばらく映画から遠のいていたが、八四年、渡辺プロ久々の大型新人アーティストを映画からデビューさせるという。吉川晃司だ。いまさら映画で新人歌手を売り出すの？　と思った人も多かったが、それを巨匠の大手映画会社ではなく、新進の独立系映画制作会社でというのが渡辺晋さん独特の嗅覚というものだろう、と思う。

そこで声をかけられたプロデューサーが旧日活の岡田裕さんとATGの佐々木史朗さんの二人。「要するに、映画でスターを創り出そうということなのだが、どうだろう、大森？」と佐々木さん。自主映画から『ヒポクラテスたち』『風の歌を聴け』を経て二年、作家の映画はもう十分、観客の映画が撮りたいと思うようになっていた私には望むところだった。

初めて組む脚本家、丸山昇一さん、プロデューサー二人と当時定番の旅館に入っての脚本作り。「やっぱりスター誕生ものかな」という意見に、「それが娯楽映画の王道です」と丸山さん。ストーリーの原型をプロの手腕で、東京湾を泳いでやってくるというイントロはさすがだった。

社長の意見を伺うのは社長室ではなく自宅、何度も通った。この仕事で一番残っているのは渡辺邸での打ち合わせだった。夕食の終わった頃おじゃますると、リビングで部屋着の晋さんが待っていて、映画の話が始まる。

「吉川が自分の野外コンサート会場の広さを、あの長い足を広げて歩いて測るんだ。どうだい？」「それ『ジャイアンツ』のジェームズ・ディーンじゃないですか？」と答えると、うれしそうに「そうなんだが、ダメかね」。「六本木の通りを歩いていると突然歌い出し、足を上げて踊り出すんだ。どうだい、そんなシーン」「植木さんの無責任男のキャラならできますけど―」等々、やがて自家製の中華そばが出され、話は深夜まで続く。

この人は本当に映画が好きなのだ。私などからすれば二〇歳以上も年上で、この世界ではまさに雲の上の人、その人とこれから作る映画の話をしている。これ以上幸せな時間はなかった。

『すかんぴんウォーク』は八四年全国東宝系で公開。吉川晃司はロサンゼルスオリンピックの水球には出場できなかったが、映画のスクリーンで跳躍、主題歌『モニカ』は大ヒット。渡辺晋さんの描いた通りの展開となった。

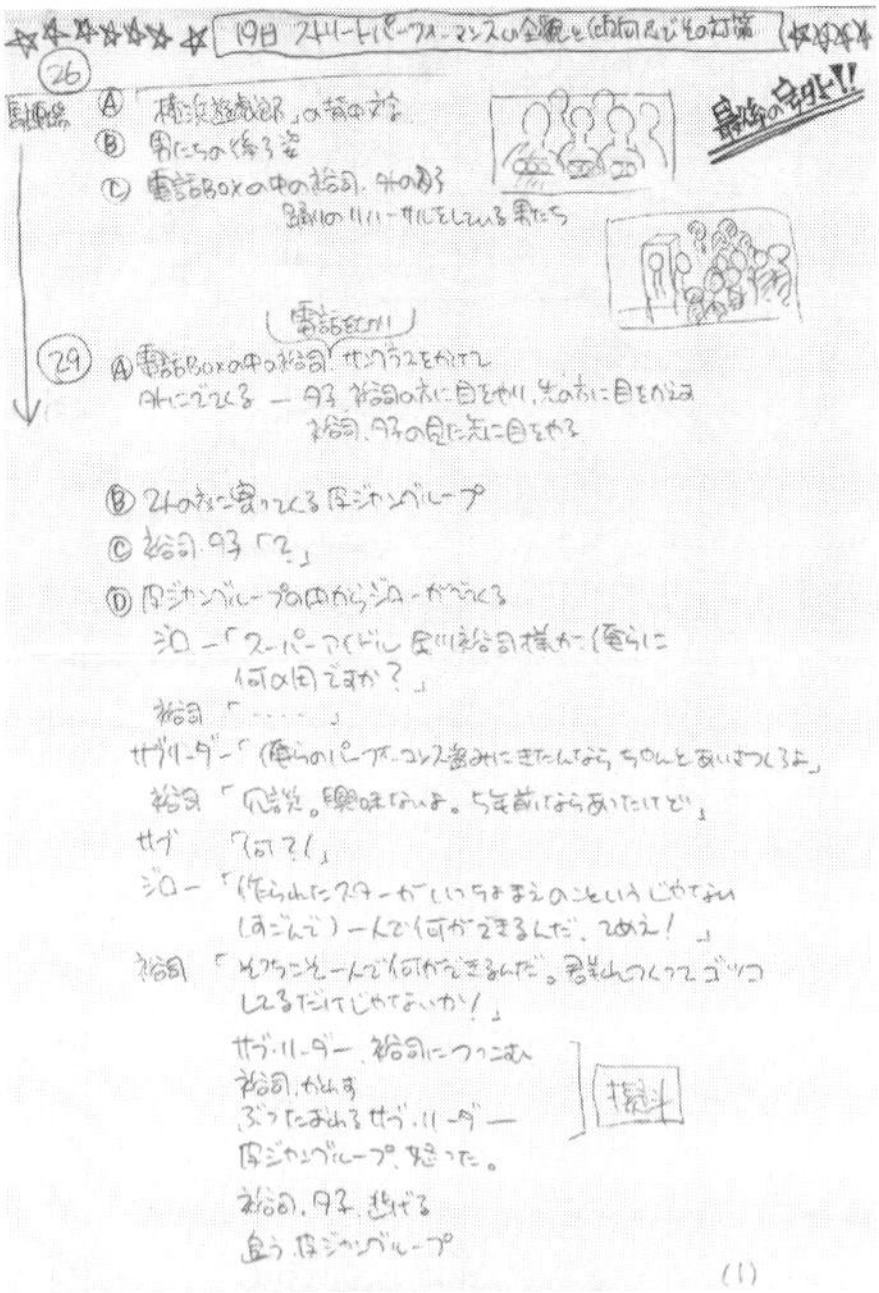

## 14 「音楽活劇」と「法医学娯楽」理想の二本立てを製作

『ユー★ガッタ★チャンス』（1985年）撮影計画

**今の**若い監督たちは最初から海外の映画祭、賞を目指していると聞く。この国の映画を見る力のなさを知れば当然かもしれないが、一九八〇年代はまだその力が観客にあり面白そうな映画は口コミなるもので広がった。

『すかんぴんウォーク』とアニメ『うる星やつら』のシュールな二本立ては予想以上の客が入り、その後二年毎年、吉川晃司主演の映画を監督することになった。それは渡辺晋さんの出会いと同様、映画の神様が与えてくれた僥倖（ぎょうこう）だった。俳優は演技より以前に身体能力だと教えてくれたのは吉川晃司だ。その全身バネの肉体を使って自由に時空間と音響を演出できるのだ、これほど楽しい作業はなかった。

海外の映画祭で賞を取ったこともないくせにと言われそうだが、本当のところ、私はカンヌやベネチアを目指して映画を撮ったことは一度もない。『ユー★ガッタ★チャンス』で目指したのは神戸・北野町を駆け抜ける吉川晃司だ。強引に神戸のコンサートツアーを設定、新神戸駅からマスコミの大追跡をかわして大倉山の神戸文化ホールまで全力疾走。ラストは今や伝説の廃墟となったが、当時は知る人ぞ知る摩耶観光ホテル、回廊からテラスを走り回って最後はステージ跡で歌い上げる。

撮り尽くされた廃屋の映像は歴史的価値だと自負する。三本目の『テイク・イット・イージー』では西部劇からバイク映画まで、映画的妄想はさらに進みロックンロールのおとぎ話に。アイドル映画だ、志が低いと言われようが、そもそも社会派でも人生派でもなく映画派なのである。私が撮りたかった映画は自分が十代の時に週替わりの映画館で見ていた番線映画、いわゆるプログラムピクチャー、映画会社の二本立ての一本なのである。

さて、八五、八六年には『法医学教室の午後』『法医学教室の長い一日』と二本のテレビ映画が吉川映画の封切り前後にオンエアされた。テレビと言っても、水野晴郎さんの「水曜ロードショー」の枠で日本映画の新作として製作されたフィルム撮影の映画。スタッフも撮影、照明以下、吉川映画とほぼ同じスタッフ。原作は横浜市大法医学の西丸與一教授、そして、主演は菅原文太さん。実録やくざ映画からトラック野郎まで、プログラムピクチャーの一時代を支えてこられた日本映画のスター。もともとあの菅原文太さんが大学教授、それも法医学のという意外性にテレビ局が乗ったものだった。

私の医学生時代、懇意にさせていただいた法医学の教授が、失礼だがとても教授に見えない野性派であった印象から私がお願いしたキャスティングだった。

今でこそテレビドラマの医療ものは過剰なほどだが、まだ国産医療ドラマがほとんどなかった頃。せっかく医師国家試験に合格したのだから医者ものの企画は独り占めにというのは冗談にしても、アメリカの映画、小説ではマイケル・クライトンをはじめとして注目を集め出した医学エンターテインメントを意識してのことではあった。

音楽活劇映画と法医学娯楽映画、私にとっては理想的な二本立てがかなった年だった。

『ユー★ガッタ★チャンス』の撮影現場で
吉川晃司さん（右）と著者

㊾ 羽田空港 ロビー

会社に公衆電話から電話している南島ー苦渋

南島「会社の方にも連絡入ってませんか……ーはいわかっております。社の責任です。……中止しません。ぎりぎりまで会場の方で待ちます。……奴を信じます。……わかっております。覚悟はできてます」

㊾A 羽田空港から飛び立つ旅客機

㊿ 海岸沿いの国道（静岡）

道路脇に立つ夕子。——神戸公演のプラカードを持っている
トラックに向かって少しだけスカートをめくる。
トラックが停まり、ドアが開く。
すかさず物陰から裕司が飛び出して、夕子と共に乗りこむ。
トラックが走る。
が、ちょっと走ったところで、停まった。
——運転手が裕司を穴のあくほど見つめている。
裕司、苦笑して夕子に耳打ちして下りる。
スタートする、トラック。
一人取り残された、裕司。

51 神戸全景
『民川裕司』のロゴタイトル（O・L）

52 神戸市民ホール・前

民川裕司セイリングツアー'83 in 神戸

の巨大看板。
熱狂的なファン数十人が早くも列を作っている。
手に手に、地元の夕刊紙。

民川裕司、愛に溺れたか!!
依然、連絡つかず
近戸公演、キャンセルか?!

坐り込んで泣いている女の子もいる。

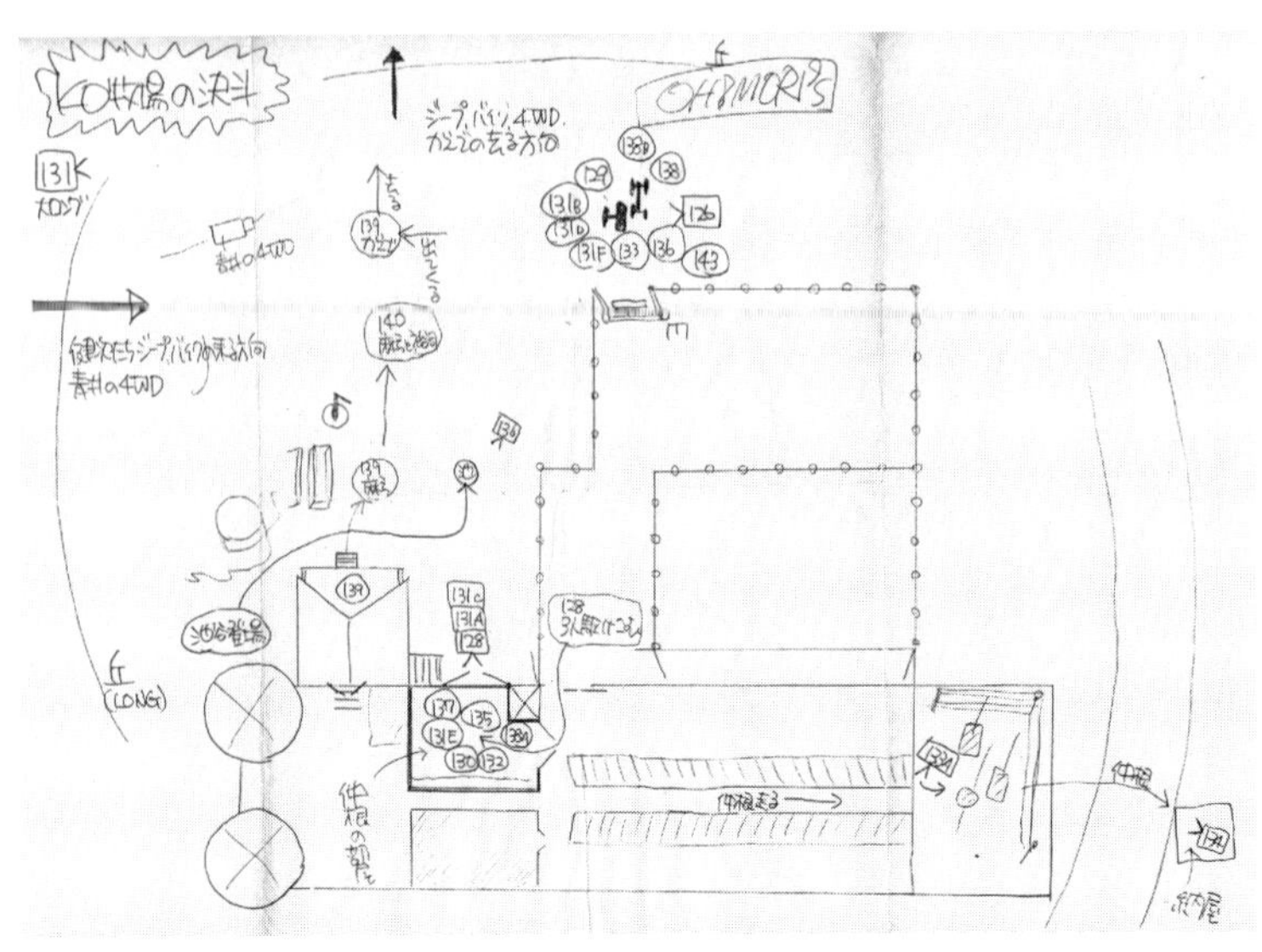


〈上〉『ユー★ガッタ★チャンス』直筆台本
〈下〉『テイク・イット・イージー』（1986年）撮影計画

## 大プロデューサー ゴジラのはずが 女子高生に 15

『ゴジラVSビオランテ』(1989年)の撮影時、当時あった東宝撮影所の特撮用プールの前で川北紘一さん(右)と著者

『ゴジラ』の生みの親、田中友幸プロデューサーを私たちは親しみを込めて「友幸(ゆうこう)」さんと呼んだ。渡辺晋さんとの間で友幸さんの名が出たことがあった。「あの人は、ザ・ピーナッツをこともあろうに怪獣の添え物で出演さ

せたいと言ってきたんだ。当時うちのトップ女性タレントだよ、驚いたな」。モスラの「小美人」である。「話を聞いたら、妖精だし歌も歌う。まあ面白いかと」。大プロデューサーたちが娯楽映画を作っていた良き時代だなとしみじみ思う。

友幸さんが私の前に現れたのは一九八六年の初め、六本木の録音スタジオで『テイク・イット・イージー』のダビングをしている時だった。「読んでいただきたいものがあるのでお届けする」と車で乗り付けられた。手渡されたのは『ゴジラ』ストーリー公募の最終選考に残った五編だった。それを熟読した上で、後日あらためて打ち合わせに出向いた。

当時、東宝本社の製作部門である東宝映画の会長だった友幸さんは東宝砧撮影所におられた。遺伝子操作で植物とゴジラが合体した怪獣の話とゴジラ細胞をめぐる列強の争奪戦の話を挙げると、友幸さんは満足したように「じゃ、それで脚本を書いてくれないか」と。私のゴジラ映画のスタートの日になったわけだが、その日は生まれて初めて訪れた東宝撮影所を見学したことの方が記憶に残っている。

ニコニコ顔で案内してくれたのは川北紘一特技(特殊技術)監督。巨大なセットが作られた第八、九ステージ、大倉庫にはB29からメーサー戦車、宇宙船、オキシジェン・デストロイヤーの模型…。映画館で見た映画がここで作られていたのかと。何よりも今はなき屋外大プール。海底軍艦の登場、氷山から出現するゴジラ、真珠湾からミッドウェー、日本海大海戦はここだったのかと興奮したのを憶えている。

少女の超能力パワーで浮き上がるのはどうでしょうに、ゴジラはそんなものよりずっと重いのだと返されて、これは手強いなと始めは思った脚本作りだったが、ゴジラはそんな行動はしない、ゴジラはそんなふうに考えないと続けられると「私がゴジラだ」という友幸さんの声がどこかすんなり聞こえるようになり、脚本は進み出した。

その年の正月映画を目指して夏には、『ゴジラ2』の第一稿は上がった。ところが本社の意向は時期尚早。当時は怪獣などまだ市民権がなく下手をすれば子供だましのキワモノ扱いだった。友幸さんがこれだけ情熱を持って面白い映画を作ろうとしているのに失礼なと思ったが、当の本人は「大森君、悪いね、来年まで待とう」と涼しい顔。

結局、正月は東宝自前のアイドル斉藤由貴でということで決まったのはいいが、ついては、その監督をどうかである。突如、怪獣王から女子高校生に、なるほどこれがプログラムピクチャーかと実感。

「最初のゴジラをやった時も『潮騒』が同時でね」と友幸さん、三島由紀夫の純愛文学と怪獣映画の思い出話をしてくれた。ゴジラの出現する大戸島は、『潮騒』の神島と同じ鳥羽ロケでそばだったとか。いやはや、かつての日本映画のプロデューサーの懐の深さは大したものだった。

# ロケ地選び 監督の意向 すんなりOK 16

『恋する女たち』（1986年）の撮影現場で
斉藤由貴さん（左）と著者

**映画**監督は自分の好きな俳優を自由にキャスティングできると思っている人は多い。結論から言えば、一〇〇％思い通りのキャスティングなどない、いいところで七〇％、下手すれば五〇％を切る。

相手もプロだ、こちらが望んでも条件が合わなければ断るし、あなたの映画には出たくないという俳優だっている。それに比べれば、ロケ場所は理不尽でない限り、監督の意向ですんなり決まる。これは私の経験。少なくともロケ場所はあなたの映画に出たくないとは言わない。

『恋する女たち』は原作者、故氷室冴子さんの地元札幌の話だったが、当時歌番組を始めテレビのスケジュールを抱えているアイドルを四週間も北海道に拘束なんてとんでもない、鎌倉とか東京近郊で何とかならないかである。

さすがにそれでは地方都市の女子高校生のお話にならない。『暗くなるまで待てない！』の上映で行ったことのある金沢を提案したら、OKが出た。旧い家並みに城跡、文学的な香りのする街は思春期の女の子たちの物語にうまく寄り添った。

『トットチャンネル』は黒柳徹子さん原作のテレビ放送創始期の話なので舞台は東京なのだが、大阪ロケをしている。その頃日比谷の内幸町にあったNHKの社屋は全て渋谷に移転、現存しない。それらしき建物を都内で探したが見つからず、これまた自主映画時代「若い広場」で出入りしたことのあるNHK大阪（現在はない旧社屋）をと言ったら、美術の方が調べ、同時期の建築ということで、外景を使うことになった。

中のスタジオや部屋は東宝撮影所のセットだが、出来上がった映画を見た黒柳さん

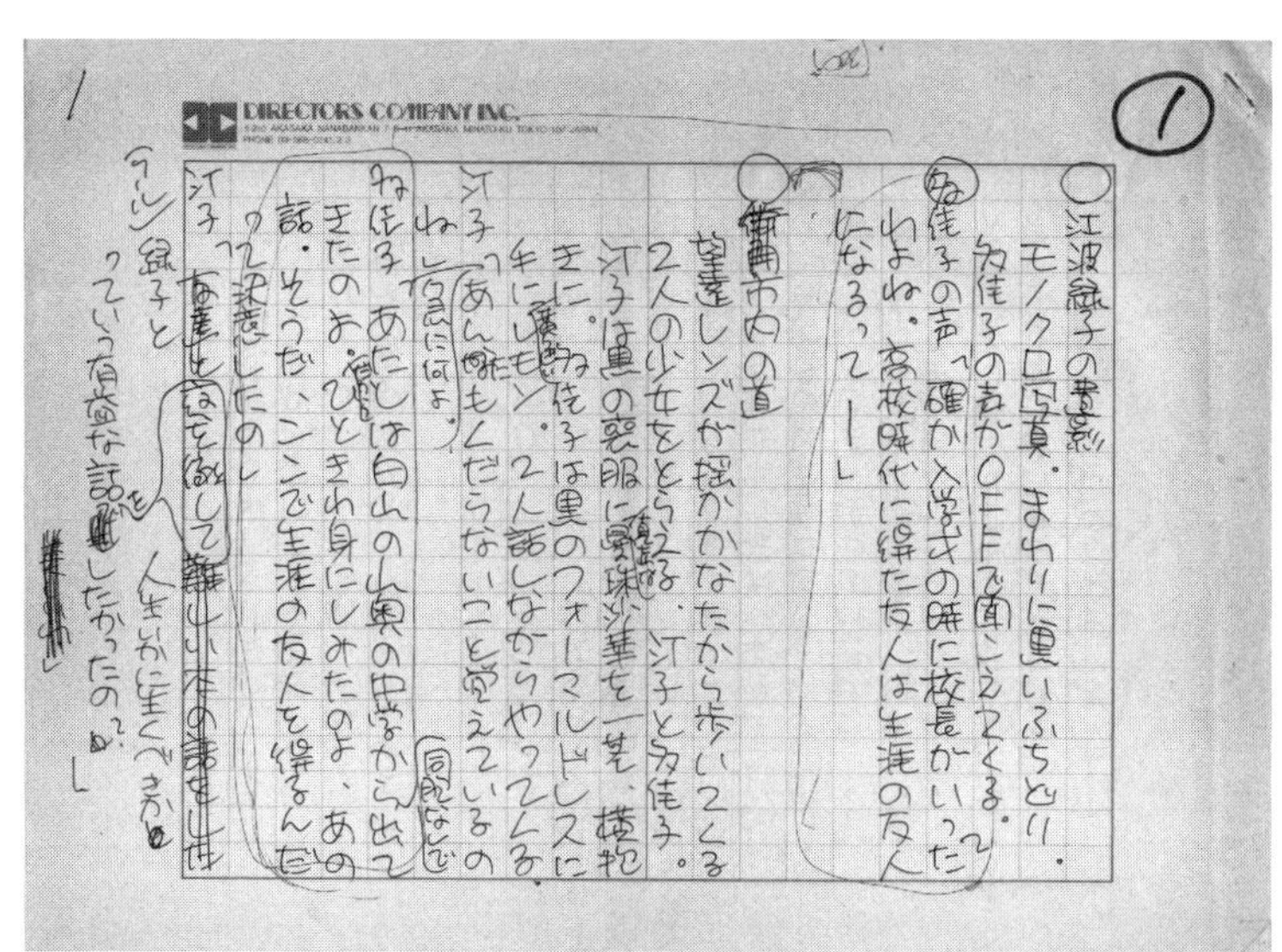

1

DIRECTORS COMPANY INC.

①

○江波緑子の遺影
　モノクロ写真。まわりに黒いふちどり。

　多佳子の声がOFFで聞こえてくる。

多佳子の声「確か入学式の時に校長がいったわよね。高校時代に得た友人は生涯の友人になるって——」

○市内の道
　望遠レンズが遥かかなたから歩いてくる2人の少女をとらえる。汀子と多佳子。
　汀子は黒の喪服に[illegible]華を一茎、横抱きに。多佳子は黒のフォーマルドレスに手にレモン。2人話しながらやってくる。
汀子「あんたもくだらないこと覚えているのね」
多佳子「[illegible]何よ」
多佳子「あたしは白山の山奥の中学から出てきたのよ。ひとりきれ身にしみたのよ、あの話・そうだ、ここで生涯の友人を得るんだ」
汀子「で決意したのね」
緑子と[illegible]っていう有益な話をしたかったのね？」

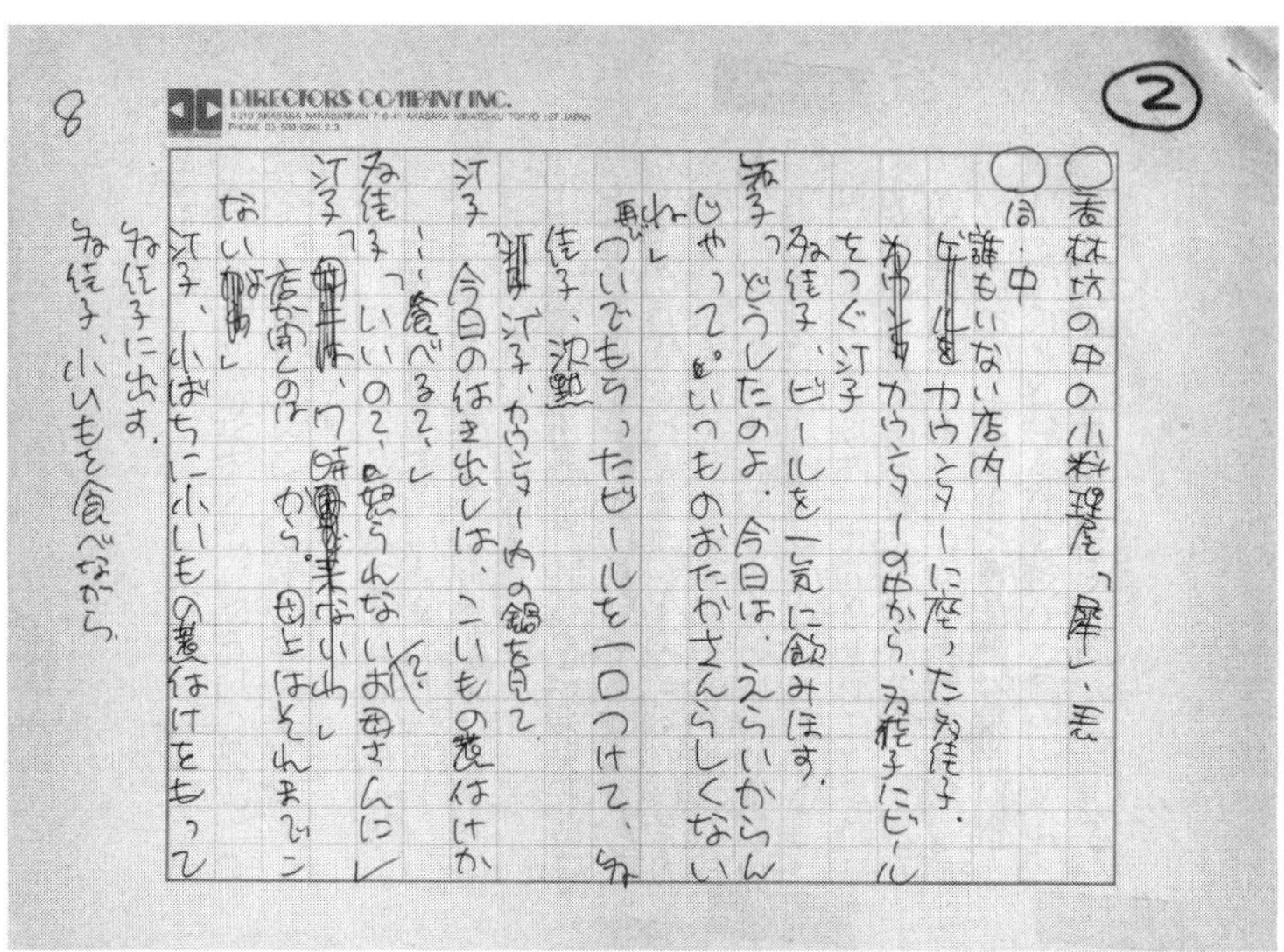

8

DIRECTORS COMPANY INC.

②

○香林坊の中の小料理屋「[illegible]」・表
○同・中
　誰もいない店内
　カウンターに座ってた多佳子。

　カウンターの中から、多佳子にビールをつぐ汀子
　多佳子、ビールを一気に飲みほす。

汀子「どうしたのよ。今日は。えらいからんじゃって。いつものおたかさんらしくないわね」

　ついでもらったビールを一口つけて、多佳子、沈黙
　汀子、カウンター内の鍋を見て。

汀子「今日のはき出しは、こいもの煮はけか……食べる？」

多佳子「いいの？怒られないお母さんに」

汀子「店開くのは[illegible]時から。母上はそれまでこないわよ」

　汀子、小ばちにこいもの煮はけをもって多佳子に出す。

　多佳子、こいもを食べながら

『恋する女たち』直筆台本

から、あのＮＨＫの建物そのままだったけど、どこで撮ったのとたずねられた。

『「さよなら」の女たち』で原作執筆が迷走、脚本を私が書き下ろすことになった時、「今度は宝塚だ」とひそかに決意した。当時阪急電車で宝塚南口駅を出て武庫川の鉄橋を渡ると大きくカーブ、電車は宝塚ファミリーランドに入って行き、右に色とりどりの遊園地、左に宝塚大劇場を見ながら、まるでおとぎ話の世界に迷い込んだように宝塚駅に到着する。駅の裏には川が流れ、趣のある橋があり、両岸には由緒ある温泉旅館が並んでいる。

かつてファミリーランドの隅にあった、自宅から最も近い撮影所、宝塚映像でテレビ「それいけ！ズッコケ三人組」の仕事をして以来、いつかこのおとぎ話の街で映画をと思っていた。

北海道と舞鶴を結ぶフェリーがあった。舞鶴で福知山線に乗れば、小樽から船と車と列車で宝塚まで行けると、そこから人物、ストーリーを考えた。小樽に住むヒロインが、宝塚に行ったきり戻らない熱烈なヅカファンの女友達を、彼氏に頼まれて連れ戻しに行くという、かなり強引なプロット。さらに神戸まで足を延ばして新しくできたメリケンパーク、神戸海洋博物館まで、一〇〇％ロケ場所が監督の意向で決まった。

一九八六年から八七年にかけて一年で三本撮った斉藤由貴主演の映画、選ばれたロケ場所に映画の女神は降臨すると信じた。斉藤由貴はわがミューズであった。

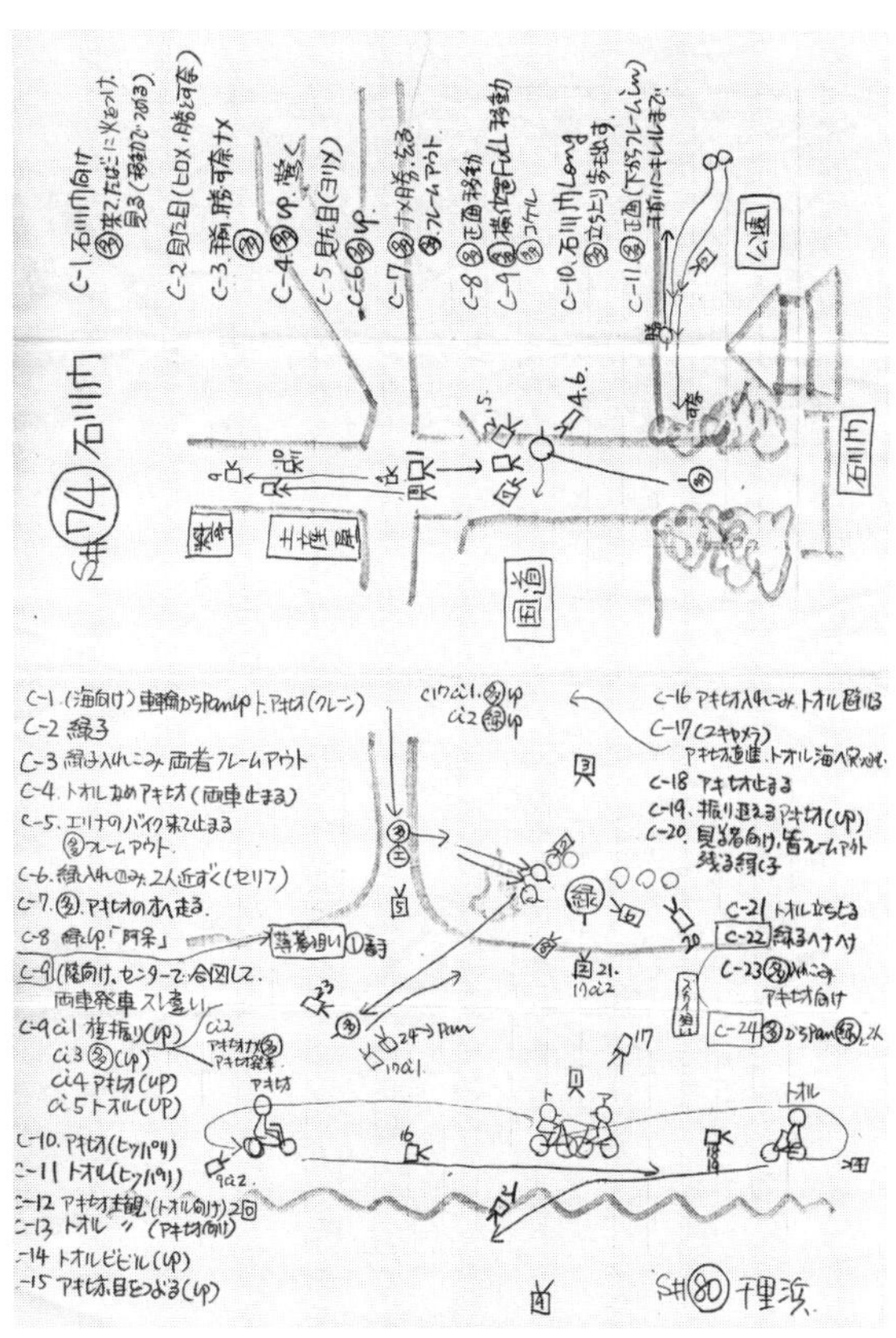


『恋する女たち』撮影計画

# 東京移住立ち消え 神戸市制一〇〇周年 映画も一因!?

17

神戸市役所前での『花の降る午後』（1989年）の撮影風景。右端が古手川祐子さん。メガホンで指示を出すのが著者

**賞を**目指して映画を撮ったことはないはずだったが、『恋する女たち』は文化庁優秀映画賞、日本アカデミー賞監督、脚本賞、さらには文部大臣選奨新人賞まで、わが作品歴の中で最も多くの賞を得る結果に。興行でも東宝で、お盆映画

を挟み二度のお正月映画。映画以外でもＣＭに、当時はやり出したＰＶなど仕事が次々と。劇場公開後発売されるビデオの追加報酬もあり、収入も増えた。

一九七八年商業映画デビューから十年、プロ野球の投手なら先発ローテーション入りしたというところだろう。当時飲み友だった荒戸源次郎プロデューサーに言わせれば、歌手なら紅白歌合戦の常連になったな、である。ちなみに、ゴジラの監督になった時は、紅白のトリを取ったなと。

今から思えば、東京に進出するならこの時だったかもしれない。仕事は増えたが東京中心で、その都度芦屋から新幹線で遠征、宿泊は東京の下北沢にマンションの一室を借りたが、関係者、スタッフからもう東京に越して来ればと助言もあった。

実際、地方から出てきた監督の多くは、そのまま東京に拠点を移し次のステップに進んでいた。眼科医の妻は毎日ではないが仕事を続け、長女が芦屋市立の幼稚園から小学校に進み、長男が生まれた。面倒くさいが面白いのは家族も仕事も同じ、最終的には、芦屋がいい阪神間が好きだということか。

「やっぱり地震が怖いですから、こっちはないので」。当時インタビューで東京に住まない理由を聞かれるとそう答えていたが、これは数年後の大震災の時、以前こう言っておられたがとマスコミに随分いじられた。確かに不真面目な理由ではあったが、まだ宝塚には撮影所があり、京都では東映、松竹の撮影所が稼働中、関西の映画監督というのが成立すると真面目に信じていた。

ただ、あの時、東京に住処(すみか)を移していたら、また違う映画人たちとの交友関係が生まれ、同じ映画の世界でも別の道を歩んでいただろうとは思う。だから現在、大阪芸大映像学科で卒業後東京に出て行くかどうか相談に来る学生には、その時の自分の経験を踏まえて話す。時代が変わっても、映画の仕事は人との出会いから生まれるというのは変わらない。東京に行けば仕事があるというものではないが出会いはあるはずだと。

次の映画の話が角川映画から来た。宮本輝さん原作の『花の降る午後』、神戸市制一〇〇周年記念映画である。北野町のレストランをめぐる女の争いと恋。ヒロインは古手川祐子さん、その年下の恋人が『トットチャンネル』でデビューした高嶋政宏君。甲南漬の高嶋酒類食品は親戚と聞いたが、まさか神戸市がそれを知っていたわけはないだろう。

撮影所は東京・大泉東映（当時）だが、オール神戸ロケ。異人館通りからフラワーロード、塩屋から淡路島、開発中の六甲アイランド、ハーバーランドにも。神戸市のバックアップで撮影するのだから何だってできる。芦屋に住んでこんな映画の監督ができるなんて至福ではないか。東京に移り住む話が立ち消えになったのはこの映画のせいでもあった。

## 18 撮影所のスタッフ長屋 黒澤明の隣でゴジラ編集

『花の降る午後』の撮影中、川北紘一特技監督がゴジラの特報映像を持って神戸にやって来られた。『ゴジラVSビオランテ』がお正月映画に正式に決まった、公開は一九八九年十二月。『花の降る午後』を予定通り仕上げ、七月にはおおよそ二年ぶりに東宝撮影所に戻った。

現在の東宝スタジオの敷地にはもうないが、かつては噴水周りの広場の一角に、撮影所の人たちが「長屋」と呼ぶスタッフルーム棟があった。木造平屋で古い小学校の教室のように廊下を挟んで十室ぐらいの部屋が並んだ、確かに長屋だった。映画最盛期はそれが全て埋まり、それでも足りないほどの組が入っていたと聞いたが、『恋する女たち』で最初に来た時は「大森組」の札が一つ掛かっていただけだった。その長屋に「黒澤組」の札があるではないか。一月から「夢」の撮影がここで始まっていたのだ。

黒澤明監督を見た（だけである）のはこの時が初めてだった。所内を何人かのスタッフに囲まれて歩いている姿は、離れてすれ違っても思わず立ち止まって数歩下がってしまうほどの強烈なオーラがあった。わが人生の中で最大の偉人であり、高校時代に見た『赤ひげ』は、私にとって映画のバイブルだった。

こんな粗末な長屋をコッポラやスピルバーグに見せるのは恥ずかしいと黒澤監督が言ったと、撮影所育ちの助監督さんは憤慨していたが、ハリウッドの近代的なスタッフルームを知っていればその心中は察するところだが、誰がハリウッドからこんなところまで来るかとは正直なところ。

八月のある日、外国人一行と黒澤監督、スタッフたちが廊下を歩いて行くのがこちらから窓越しに見えた。ひげをたくわえた濃い顔、あれは、マーティン・スコセッシじゃないか。驚いた、さすが世界のクロサワだ。映画にゴッホ役で出ていることは後で知ったのだが。

しばらくして、長屋に新しい組が入った。桑田組『稲村ジェーン』だ。桑田佳祐監督第一回監督作品。長屋に並んだ「大森組」「桑田組」「黒澤組」の三枚の札を見た黒澤監督の心中はいかがだっただろうか。

『ゴジラVSビオランテ』と『夢』の仕上げは同時期となり、所内の編集室は隣同士となった。ゴジラのメインテーマ曲に合わせて編集をしていると、隣の助監督さんが申し訳なさそうに、もう少し静かに編集できないかと言ってこられる。「申し訳ありません」と音量を下げるものの、こちらの助監督は、今の東宝を支えているのはこちらの作品だぞと一人ぶつぶつ。

一方、向こうから音楽が高々と聞こえてきても、こちらから何も言いに行かない。当然ではないか。今にして思えば、黒澤明の隣でゴジラ映画の編集をしていたのである。そんな映画監督は世界に誰もいなかっただろう。

黒澤監督を最後に見たのは、ゴジラ映画の大先輩、本多猪四郎監督お別れの会だった。棺を送り出す際、友人代表で黒澤監督が言葉を述べられた。私の記憶によれば、「本多はいいやつでした。本多の行くところは天国でしょう」。これほど簡潔で美しい別れの辞はないと今でも思う。

# 太秦の東映京都撮影所やくざ映画の「聖地」で感心 19

『継承盃』（1992年）の撮影現場で
緒形拳さん（右）と著者

『ゴジラVSビオランテ』の後、松竹大船撮影所で『満月』を撮った。これで日活調布撮影所、砧東宝撮影所、大泉東映撮影所と東京のほぼ全ての撮影所で仕事をした。現在、松竹大船は無くなり、他も縮小、業態をスタジオに変えたりと、あの頃の面影はない。

かつて全ての日本映画は、映画会社が自社で所有する撮影所で作られていた。それぞれの撮影所には撮影照明の機材から美術衣装の備品まで全てがそろい、各部署に専属の人材がいて、そこから各撮影所の特色を生かした映画が量産された。

撮影所で映画を撮るということはそこで作られてきた作品、それは自分が映画館で見た数々の映画であり、その末尾に自分の映画も並ぶのである。それだけの撮影所で仕事ができたことはどれほど幸運だったろうか。ただ、学生時代十年近くを過ごしたホームグラウンド、京都・太秦の東映京都撮影所だけがまだだった。

『オレンジロード急行』で城戸賞を授与していただいた映連（日本映画製作者連盟）の岡田茂会長は当時東映社長でその際、「大森君は京都の大学の学生だそうだね、一度太秦のうちの撮影所においでよ」と声をかけられた。社交辞令かと思いきや、しばらくして本当に日下部五朗プロデューサーから電話があり東映京都撮影所の企画部に招かれ、学生ごときが行ったこともない祇園で高級牛肉オイル焼きをごちそうになった。

一医学生が映画監督になるなどとは誰も思っていなかった頃、うちでも仕事をしてくれよといった話など覚えてはいないだろう。東映京都といえば、時代劇から任侠映画、何より『緋牡丹博徒』『博奕打ち　総長賭博』『仁義なき戦い』、学生時代胸躍らせたやくざ映画のメッカである。アイドル映画の監督などお呼びでないと思っていたが、

『ゴジラVSキングギドラ』の公開後、東映京都から話があった。『継承盃』はやくざの組長の継承式の式次第をつかさどる媒酌人をテーマにしたオリジナル脚本だが、一読してこれは本職に取材しなければ書けないものだとわかる。

今なら、映画会社と反社会的団体との癒着うんぬんと言われるところだが、当時はさすが東映京都でないとできない企画だと感心。『花の降る午後』で神戸のフレンチレストランのマダムだった古手川祐子さんが極道の妻に、シェフだった梅宮辰夫さんが暴力団組長になっても、この撮影所では何の抵抗もない。真田広之さん、緒形拳さんも現代やくざ役は初めて。もちろん監督も初めてのやくざ映画だった。

撮影所は、設備器材はもちろんだが人材も途方もなく豊富だ。大部屋と呼ばれる俳優さんが毎日必要な数だけそろう。継承式にずらりと並んだ何十人というこわもての親分衆を見た時には撮影所のすごみに思わず立ちすくんだ。

撮影の準備中には参考資料で、どういう経路で手に入ったのか、本物の継承式を録画したビデオが閲覧できるのだから、コンプライアンスなど言い出したら一発でアウトだろう。逆に言えば、現在こういう映画はもはや実現不可能になったと言えるかもしれない。やくざ社会を舞台にした青春明朗喜劇なのだが。少し残念な気もする。

# 若きSMAPを撮る みんな芝居心に 溢れていた 20

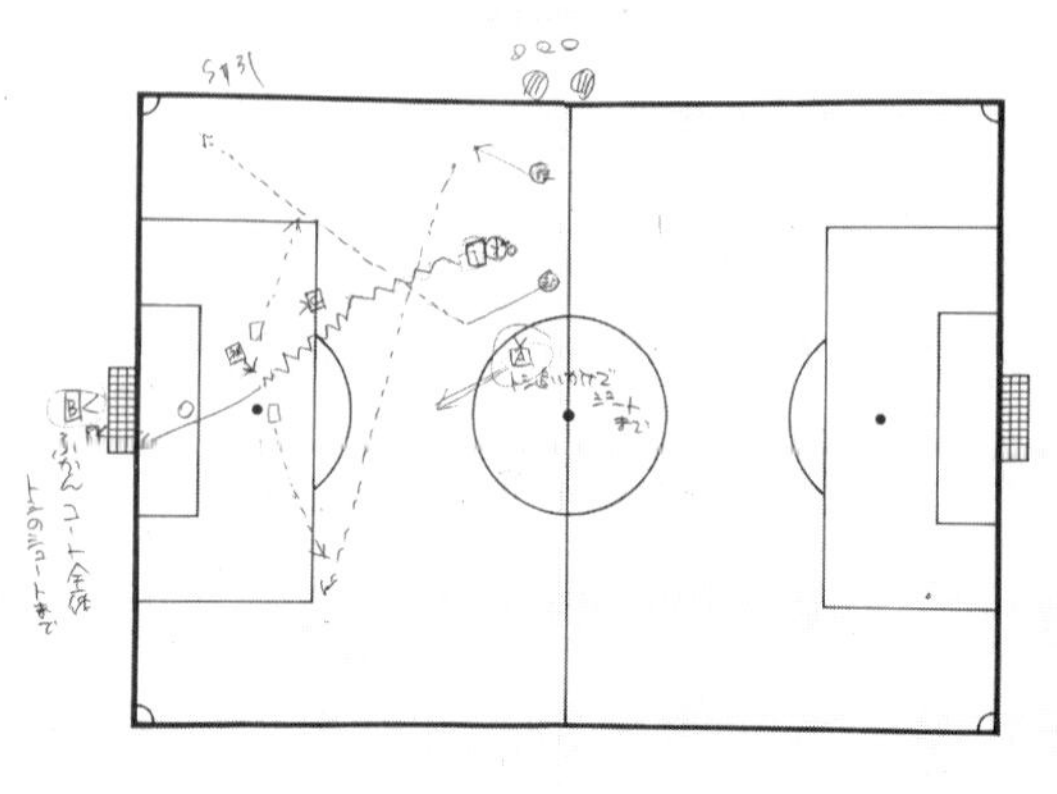

『シュート！』（1994年）撮影計画

中学二年の冬休み明け、クラスの女の子たちが集まって「オチャミが」「リョウが」とガヤガヤ。何かと思ったら暮れの紅白歌合戦に出た四人組男性グループ、ジャニーズの話題だ。イケメン、アイドルなどという言葉もない頃、男性グループを追っかける女の子たちがいるのを初めて知った。あれから半世紀、今ジャニーズと言ってもあの四人組のことを言う人はいない。今やそれは日本のエンタメ業界の一大ジャンルを指す。

ジャニーズの映画を撮ることになった。正確に言えば、一九九三年Ｊリーグが開幕、サッカーブームが到来すると松竹映画がジャニーズの協力を得てサッカー映画『シュート！』を企画、主演はＳＭＡＰ。ちょっとした大作が続き、以前のような小味な青春映画が撮りたいなと思っていた。原作は漫画、男の子たちの学園ドラマ、サッカーシーンはどう撮る？　面白そうだ。

ただ問題はＳＭＡＰだ。六人らしいが名前と顔が一致しない。小学校高学年になった娘が見ていたテレビの夜のバラエティーは見たことはあるが、芝居を見たことはない。まずキャスティングができない。助監督、プロデューサーと相談してキャストを出すと、案の定、そうじゃないんですと、後に有名になる女性マネージャーに一喝。お任せすると、主役は中居正広くん、伝説の先輩が木村拓哉くん、不良が森且行くんで、医者の息子が香取慎吾くん、年下の草彅剛くんが三年生で先輩、一番忙しかった稲垣吾郎くんはブラジル帰りで後半だけ。なるほどである。

国民的アイドルになる前夜の彼らのことなど知る人は少数だった。撮影部はカメラの横に名前入りの小さな写真を張り付けいちいち確認していた。新幹線車内の撮影のため、横浜駅から新横浜駅へＪＲ線で移動する時、スタッフと一緒に中居くん、森くん、香取くんまで普通車両に乗って来た時はこちらの方が焦った。しかし、大勢の乗客の誰一人、声を出す人も近づく人もなかった。

みんなまだ二〇歳そこそこ、香取くんなんか一六歳だ、演技がどうのこうのなどまだ先のこと、とりあえずみんな芝居心に溢れていて演出は楽しかった。格好つけてはいるけど真面目で、Ｊリーグのサッカー教室の指導もちゃんと受け、一応高校サッカー部に見えるようにもなった。この時期の彼らの出演料がどれくらいだったかは知らないが、総キャスト費は大作と違って安かったようで、その分サッカーシーンの撮影機材費はたっぷりと。コートの中まで伸びる超大型クレーン、走り回る撮影用バギー車、ピッチの端から端までの長い長い移動車など、サッカーシーンの撮影も楽しかった。

『シュート！』は一九九四年三月、全国松竹系で一斉公開された。六人の舞台あいさ

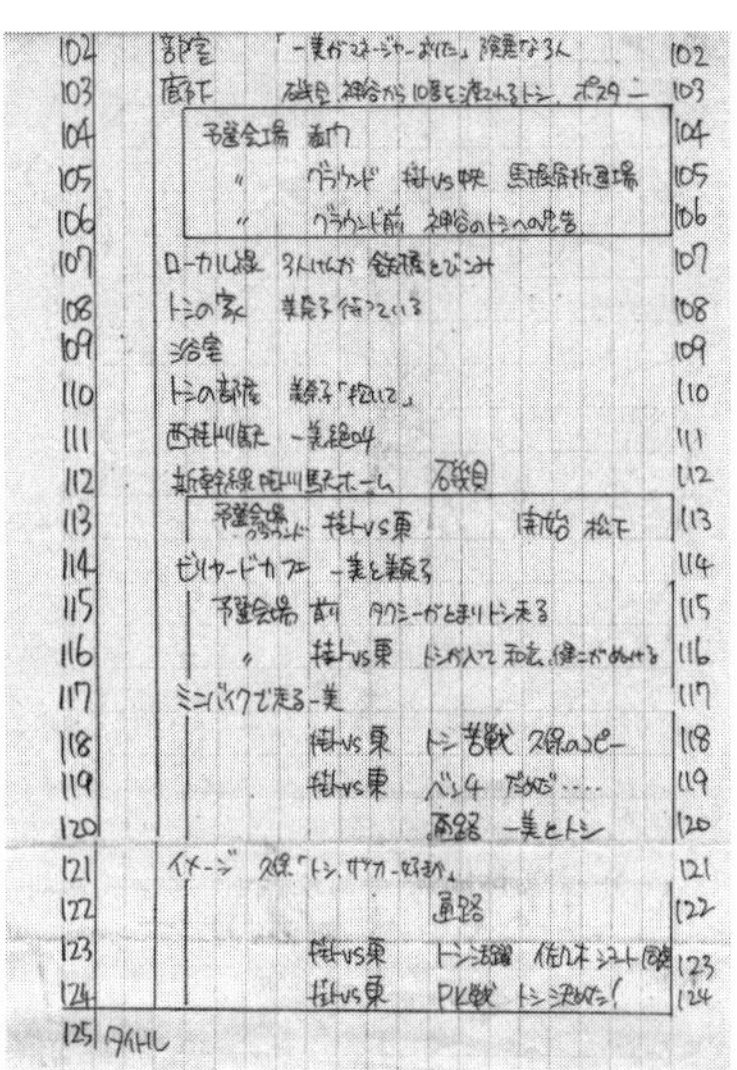

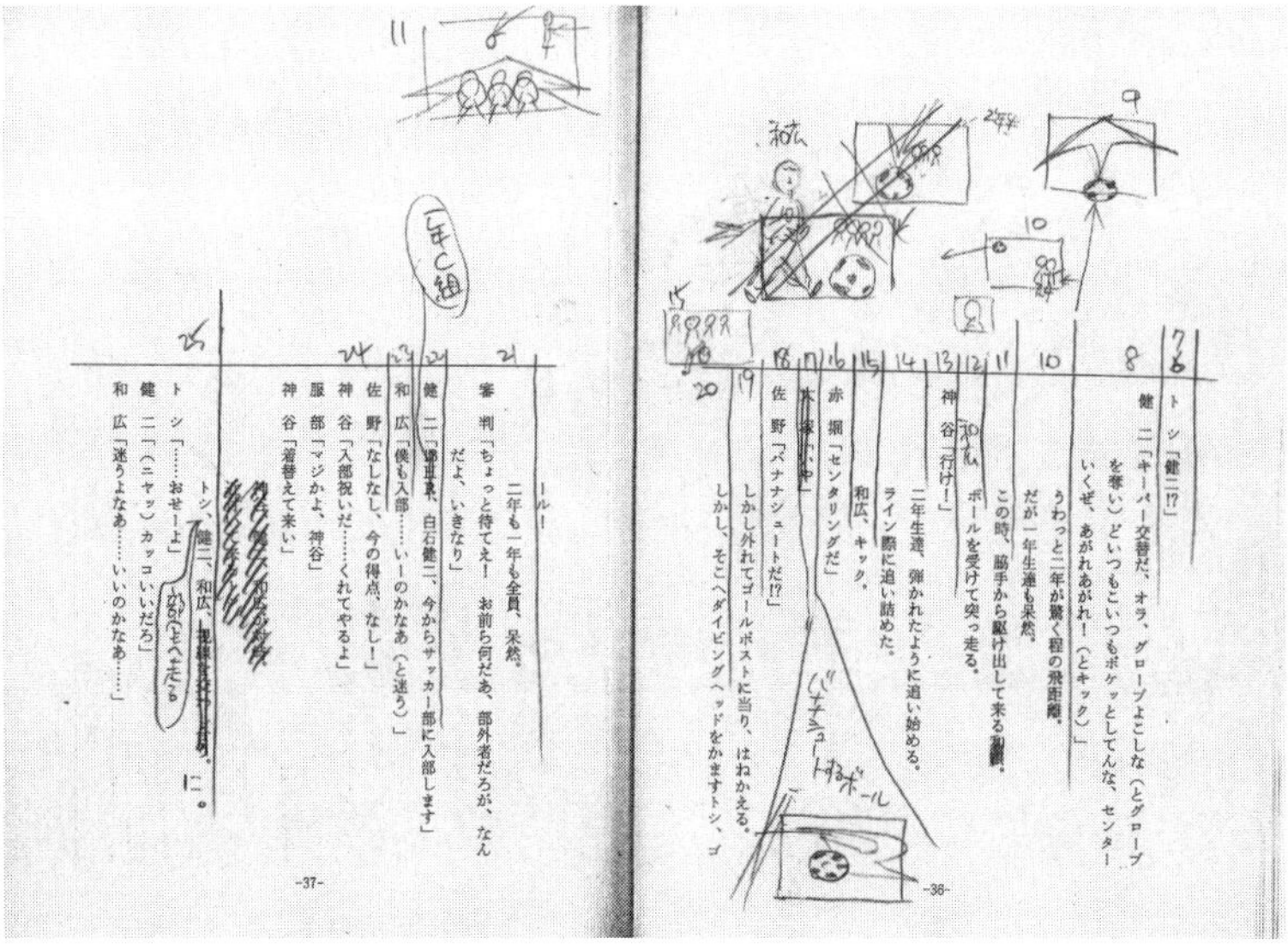

トシ「健二!?」

健二「キーパー交替だ、オラ、グローブよこしな（とグローブを奪い）どいつもこいつもボケッとしてんな、センターいくぜ、あがれあがれ！（とキック）」

うわっと二年が驚く程の飛距離。

だが一年生達も呆然。

この時、脇手から駆け出して来る[illegible]。

ボールを受けて突っ走る。

神谷「行け！」

二年生達、弾かれたように追い始める。

ライン際に追い詰めた。

和広、キック。

赤堀「センタリングだ」

[illegible]

佐野「バナナシュートだ!?」

しかし外れてゴールポストに当り、はねかえる。

しかし、そこへダイビングヘッドをかますトシ、ゴ

-36-

ール！
二年も一年も全員、呆然。
審判「ちょっと待てえ！　お前ら何だあ、部外者だろが、なんだよ、いきなり」
健二「[illegible]、白石健二、今からサッカー部に入部します」
和広「僕も入部……いーのかなあ（と迷う）」
佐野「なしなし、今の得点、なし！」
神谷「入部祝いだ……くれてやるよ」
服部「マジかよ、神谷」
神谷「着替えて来い」
トシ、健二、和広、[illegible]に。
トシ「……おせーよ」
健二「（ニヤッ）カッコいいだろ」
和広「迷うよなあ……いいのかなあ……」

-37-

〈上2点〉『シュート！』シーン表と絵コンテ
〈下〉台本

つのあった東京、大阪他、どこも劇場の周りを若い女の子たちが何重にも取り巻いた。神戸・三宮の神戸国際会館は地下の二つの映画館を開けても入りきらず、地上の大ホールまで開けた。

ただ、舞台あいさつが終わると客足は遠のいていき、大ヒットとまでは行かなかった。ＳＭＡＰのブレークが始まるのは、しばらくしてその年の後半ではなかっただろうか。あれよあれよと言う間に、次の年には日本中知らない人はいない国民的アイドルとなった。この映画がＳＭＡＰの大人気に直接つながったとは言い難いが、あれから三十年たった今でも時々上映される。

ＳＭＡＰファンの女性たちに呼ばれて上映会に行ったことがあるが、「六人のＳＭＡＰの映画を残していただいてありがとうございます」などと改めて言われると、自分の力だけではないと思いつつもうれしいものである。

# 『大失恋。』震災で消えた遊園地輝き今に 21

二一世紀以降に生まれた学生にとって、二〇〇〇年以前の私の数多くの作品は生まれる前の映画なのだ。という当たり前のことに気付いたのはここ数年で、急に自分の映画が遠い昔の旧(ふる)い映画に思え、授業で学生に何でも見せればいいというものではないという気にさせられることになった。

そんな中でいまだに学生から変わらぬ人気を得ている映画がある。それは『ゴジラ』でも『ヒポクラテスたち』でもなく、意外にも『大失恋。』という二十七年前の映画である。失恋に関する物語が次から次に同時進行するちょっと変わった構成の映画だ。

映画は時間、空間、人間の三つの「間」があれば物語は自然に動き出す。ストーリーばかり考えないで「いつ、どこで、だれが」を作りなさい、というのが授業の趣旨。空間は一つの遊園地、時間は一二月から翌年バレンタインデーまでの五回の休日、人間は八組の恋愛中のカップル。舞台となる遊園地は東京近郊の遊園地をいくつも見て回り歩いて、海に面した景観良好、若者受けしそうな横浜・八景島シーパラダイスが第一候補となったが、問題は観覧車がないことだった。

結果から言ってしまうと、観覧車は同じ海に面した神戸の六甲アイランドのアミューズメント施設「AOIA（アオイア）」を使うことになったのだが、今思い出してもなぜAOIAの名前が出てきたのか記憶があいまいだ。それが今となっては何か運命的なものさえ感じてしまう。「ここで撮っておけ！」という天の声か？

当時芦屋の自宅から六甲アイランドを車で走ることはあったが、遊園地に行った記憶はなく、ただライトアップされた観覧車の美しい姿が遠くから見て印象に残っていた。東京からロケハンに出向いたスタッフとともに夜の遊園地を見てため息が出た。

ライトアップされた跳ね橋、遊園地内に流れこんだ運河に映る光に輝く遊具、その真ん中にそびえたつ巨大な観覧車は、大げさに言えばこの世のものとは思えない不夜城の趣があり、まるで映画のために作られたような巨大装置だった。全部ここで撮影してもという案も出たくらいだが、さすがに俳優のスケジュールもあり全て神戸とはいかず、それでも観覧車以外の部分も持ち込んだ。

『大失恋。』は一九九四年一一月一四日、八景島でクランクインした。一二月に入って中旬まで六甲アイランドで連日深夜まで撮影、同二二日クランクアップした。年が明けて九五年、仕上げにかかり一二日には初号試写を終え一四日には芦屋に帰り、一九日の大阪、神戸の試写会、二一日の全国公開を自宅で待つだけという時に、一月一七日を迎えた。

試写予定だった三宮センター街の映画館は倒壊、二一日からの公開は中止。神戸以外の全国公開は何とか予定通り上映されたものの、日本中が映画どころではなくなってしまった。何より私たちがほんのひと月前、深夜まで撮影した六甲アイランドＡＯＩＡは震災で壊滅したまま二度と復旧することはなく、今は更地が広がっている。

一九九一年七月に開園して三年半だけ煌々（こうこう）と光を放ちながらＵＦＯが夜空に消えていくようになくなった六甲アイランドの幻の遊園地ＡＯＩＡ。その美しい幻影は二〇世紀の私の映画にしっかり記憶されている。

## 渡哲也さん復帰作出演場面五日間で撮り切る 22

『大失恋。』は舘ひろしさんとの初めての仕事だったが、あの「石原軍団」とお近づきになった最初でもあった。震災の翌月二月八日、石原軍団の炊き出し隊が芦屋にやってきた。芦屋市・川西運動場はわが被災マンションから倒壊した阪神高速を挟んですぐ北。後で聞いた話では当初は長田を目指したが、芦屋の高速道路倒壊現場から先に進むのが困難で会場を変えたそうだ。

自宅から歩いて十分の会場はすでに人でいっぱい。渡哲也さんにごあいさつに伺うと「監督、ひろしが映画でお世話になったそうでありがとうございます」と頭を下げられ、これが石原軍団の流儀かと感激。一〇〇〇食を超える白米に焼き魚、焼きそばなどがグラウンドの何カ所かで振る舞われ、初めて見る石原軍団の炊き出しは圧倒的だった。

帰りには、渡さんからマンションの皆さんにどうぞと、まんじゅうにスナックのお土産を山のようにお持ち帰り。時効だが酒造メーカーからのお酒もあり、さすがにこじゃ出せないから部屋で飲んでくださいと高級バーボンウイスキーを一ダースも頂いた。

明けて九六年二月、東映京都撮影所で『わが心の銀河鉄道　宮沢賢治物語』の監督をすることになった。そこで東映側から出たのが、宮沢賢治の父親役を渡哲也さんでというもの。ただし渡さんは大病を患った後の復帰一作目、普通並みのスケジュールでは無理だろうということで、一日五時間で五日、つまり渡さんの出番を二十五時間で撮り切れるかどうかという難題を提示された。

「できます」と答えたのは日本映画のレジェンドカメラマン木村大作。初コンビ木村さんが言うには、映画の撮影時間はああだこうだと演出で試行錯誤している時間がほとんどで決まれば本番は数分で終わる。渡さんが現場に入る前にその段取りを終わらせておいて、テストを二度か三度やって本番に入れば二十五時間もあれば一〇〇カットぐらい撮れると。

そのためにはどうするかというと、前日、大部屋の俳優さんたちで渡さん役、緒形直人君役を決め即本番ができるまでに芝居を固め、カメラのポジション、移動効果、照明の位置も全て決めた上で、次の日渡さんが入って微調整し即本番に。半信半疑ではあったが、なにせ日本映画のレジェンドが言ってるんだと、実行に。初日は渡さんの出番を準備した通り消化、午前中に予定分量を終え、それ以後は明日の準備。渡さんは「まだいけるよ」とおっしゃるが、こちらはもう次のストックがないのである。

こうして毎日、明日の撮影の段取りを深夜遅くまで固めて五日間、なんとか渡さんのシーンを撮り終えた。前の日、大部屋俳優さんに立ち止まらせた所を本番で渡さんがそのまま歩いて行くのを見て、「なんで止まらないのだ！」と木村さん。監督の出番で、渡さんに近づき「ここで止まられるのは、どうですか？」とさりげなく提案。渡さんにこりと笑って「いや止まらないね、その必要はないでしょ」で木村さんの照明プランは没ということも。

それにしても、レジェンドの俳優とカメラマンとの間で、こんな楽しい仕事をした監督はいないだろう。

『ベトナムの風に吹かれて』(2015年)
を撮影中の著者(中央)

# オール海外ロケ ベトナムに見る 五〇年の足跡 23

**最初**の劇場映画『オレンジロード急行』は『ダブル・クラッチ』と二本立てだった。四十五年前、銀座松竹の初日で主演の松坂慶子さんと並んで舞台あいさつした。以来一度も縁がなかった松坂さんとの初めての映画『ベトナムの風に吹かれて』は、認知症の母親をベトナムのハノイで介護するという小松みゆきさんのノンフィクションの映画化で、今のところ私の最新作である。

それがもう七年前のことになると、時のたつ早さを感じずにはいられない。下手をするとこれが遺作ということにもなりかねないが、自分としては納得できる作品ではある。

最初のオール海外ロケの映画は、阪神・淡路大震災の直後、一九九五年三月フィリピンのマニラで撮った『緊急呼出し　エマージェンシー・コール』。全て英語ぜりふは初めてのこと、真田広之君も当時から英語圏での俳優生活を視野に入れていてその最初。撮・照・録の技師は日本人だが、それ以外は現地スタッフという慣れない環境の中でよく頑張ったと思う。

ただ、その年の東京国際映画祭のインターナショナル・コンペティション部門に出品されたのだが、プレス記者会見が今でいう「大炎上」。会見には他の倍以上のマスコミが押し寄せたのだが何かと思えば、映画の内容に関する質問は一切なく、ただひたすら当時の真田君の女性スキャンダルの集中攻撃。これが国際映画祭の正式な会見かと唖然(あぜん)、日本の映画ジャーナリズムのレベルの低さに吐き気さえ覚えた。

二本目はテレビのバラエティー番組「ウッチャンナンチャンのウリナリ‼」から生まれた映画『ナトゥ踊る！ニンジャ伝説』。当時ブームのインド大娯楽映画を日本でもという企画で、撮影所もある街、南インドのチェンナイにロケ。集団舞踏シーンなど大変な撮影だったが（象まで数頭出てくるのだ！）、ナンチャンこと南原清隆君の頑張りはすごく、これならインドでも公開できると現地から言われた。ただ一時間半では短い、せめて三時間なくてはと言われ、これ以上歌も踊りも撮る興味はなくこれにて完結。しかしハッピーな仕事ではあった。

三本目の『T.R.Y.』は合作映画としては不本意な結果に終わった。何より日本の映画会社丸ごとそのまま上海に連れて行き、そこで日本映画のやり方で作ってしまおうというやり方は現地との共同作業、アイデアも何も生かされず痛恨の現場となった。『ベトナムの風に吹かれて』に満足している一つは、その『T.R.Y.』のリベンジを果たして合作映画作りがずっとうまくできたと思うからだ。日本人は最少にして現地スタッフと分業、何よりベトナムの映画界に昭和の日本映画の香りが残っており、撮影所もどこか懐かしさがあった。

俳優さんたちも「こういう人、日本映画にいたよな」と思わせてくれれ、ここでなら

「駅前シリーズ」も「社長シリーズ」もまだできるんじゃないかと一人納得。

何よりも、松坂さんとは昭和二七年生まれの同期、その世代にとって特別な響きのあるベトナムという国が、反戦から介護へ、国のあり様の変化を見せられた「私たちの五〇年」の足跡の映画だった。

# 大学で教える映画人生の最後に絶好の場 24

**芦屋**に引っ越す前の大阪に住んでいた時、最寄りの駅は近鉄南大阪線の針中野だった。そこから普通に乗って阿部野橋へ出て百貨店、動物園、美術館、通天閣とそれが子供の頃の大阪だった。今は同じ線を反対に、阿部野橋を出て針中野を通り大和川を越え喜志へ。スクールバスから見る二上山は幼い頃の記憶にしかないはずなのに、なぜか懐かしく帰って来た気分になる。

現在の大阪芸術大学映像学科は、一九七一年映像計画学科の名で始まった。初代学科長は溝口健二監督の名脚本家依田義賢先生。何代かを経て中島貞夫学科長から直々に「大森、次を頼む。俺も五〇になった時、依田さんから頼まれたんだ」と。それから二十年である。

当初は大学の学科長などに就いてしまうと、映画監督として現場から遠ざかってしまうのではないかという不安もないではなかった。しかし、二〇〇〇年代初めの日本映画界の変革の前には、そのような不安はどこかに飛んでしまった。

映画産業がフィルムからデジタルに移行、劇場は映画会社直営からフリープログラムのシネコンに。その結果何が変わったかというと、映画会社はハイリスクの映画製作から撤退、自社作品を自社の映画館で上映する日本映画始まって以来の根本的な形態が崩壊を始めたのだ。

何度も言うようだが、私はカンヌやベネチアの賞を目指して映画監督になったのではない。昭和の映画館で見た映画会社の映画に憧れ、あんな仕事をしたいとなったのである。作家ではなくどちらかといえば職人、そんな映画監督にとって映画会社が映画を作らなくなるというのは根底が揺らぐことではある。実際、二〇〇〇年を境にわれら職人系への仕事は確実に減り出した。私が映像学科長となったのはちょうどそういう時代だったのである。

とはいえ、いくつもの幸運と偶然が重なって二〇代で映画監督となり、その時点で劇場映画を三〇本近く、テレビなどの二時間ものを合わせれば四〇本近い作品を残していて、映画を十分に撮ったとは言えた。

映画会社一社だけでも年間一〇〇本以上量産していた黄金期はさすがに遠い昔の話だが、まだ三社合わせて一〇〇本近くは作っていた時代にはぎりぎり間に合った。実際私より少し後の世代で二〇本も三〇本も撮っている監督はそうはいなくなった。かつては映画会社の職業映画監督が定年までに五〇本、六〇本を撮っていたこともあったが、映画会社が映画を作らなくなった現在、一人の映画監督がそんな本数を撮る時代は多分もう来ないだろう。

映像学科には今、ステージ二つを持つ撮影所、ドルビーシステム完備の一一九席の映画館、最新の録音スタジオ、コンピューター五〇台が並ぶ映像スタジオなど可能な限りの環境が整っている。撮影所と映画館を持っている映画監督などそうはいないぞと言われたりもする。確かに。ならば、わが映画人生の最後を迎える場所としてはベストだろう。

二上山を見てなぜか帰った気分になるというのも、いつからかここが私にとっての「映画の郷」なのかもしれない。

# エピローグ

神戸新聞の連載「わが心の自叙伝」最終章には、大森監督の逝去後、長女の美季さんがパソコンから発見した原稿が掲載された。最後の一文は、二〇二三年六月に掲載されることを見越してこう書かれたのだろうと推察する。

**連載**の最後である。だから初めて書くが、七〇歳を過ぎたと思ったらいきなり大病だった。一昨年（二〇二一年）一〇月、あまりの体のだるさにこれは普通ではないと病院で検査を受けたら、その場で急性骨髄性白血病の診断。即入院となり人生で初めての入院生活を送ることになった。

最初の化学療法は効果があったものの、年が明けて四月には再発。より強力な抗がん剤治療を受けることになり五月再度入院。

神戸新聞から「わが心の自叙伝」の原稿依頼を受けたのはその時で入院中だった。治療と言っても薬の効果をベッドで待つだけ、時間はある。持ち込んだパソコンで自叙伝に手をつけた。この連載の前半のいくつかはその時病室で書かれたものである。

治療中抗がん剤の効果が上がらず、このまま続けても余命は半年から一年と言われた時は、自分がそれほど衰弱しておらず、むしろ入院前とそう変わらない状態だったのでとても信じられなかった。とはいえ、完治は造血（幹）細胞の移植しかありませんと言われるともはや従うしかなく、とはいえ、「大森さんの年齢を考慮すれば、移植の成功率は二〇％程度です」と突っ込まれると、じゃどうすればいいんだよとも言いたくなるが。

それでも選択肢としては幹細胞移植しかなく、昨年八月に処置を受け二カ月無菌室に軟禁状態でようやく一〇月に退院した。それから半年以上、とりあえず余命半年は乗り越えている。

映画館へ行こう　映画館へ行こう
友達を連れて　恋人を連れて　息子を連れて
映画館へ行こう　映画館へ行こう
親父を連れて　女房を連れて　娘を連れて
映画館のいすには　白い翼が生えていて
どんな世界へも　どんな時代へも　飛んでいけるのさぁ
映画館へ行こう　映画館へ行こう
路地裏から　宇宙の果てまで　旅してまわろう
映画館へ行こう　映画館へ行こう
古代ローマから　遠い未来まで　巡り巡ろう
映画館から帰るときには　星が輝いていて
ちょっと大人になっているかもしれない
子供みたいに元気になっているかもしれない

『明るくなるまでこの恋を』（一九九九年）テーマ曲『映画館へ行こう』より

読者ハガキ

おそれ
入りますが、
切手を
お貼り
ください。

151-0051
東京都渋谷区千駄ヶ谷3-56-6
(株)リトルモア　行

Little More 

ご住所　〒

お名前(フリガナ)

ご職業　性別　年齢　才

メールアドレス

リトルモアからの新刊・イベント情報を希望　□する　□しない

※ご記入いただきました個人情報は、所定の目的以外には使用しません。

小社の本は全国どこの書店からもお取り寄せが可能です。
[Little More WEB オンラインストア]でもすべての書籍がご購入頂けます。
http://www.littlemore.co.jp/

ご購読ありがとうございました。
アンケートにご協力をお願いいたします。

# voice

お買い上げの書籍タイトル

ご購入書店

市・区・町・村　　　　書店

---

本書をお求めになった動機は何ですか。

□新聞・雑誌・WEBなどの書評記事を見て（媒体名　　　　）
□新聞・雑誌などの広告を見て
□テレビ・ラジオでの紹介を見て／聴いて（番組名　　　　）
□友人からすすめられて　□店頭で見て　□ホームページで見て
□SNS（　　　　）で見て　□著者のファンだから
□その他（　　　　）

最近購入された本は何ですか。（書名　　　　）

---

本書についてのご感想をお聞かせくだされば、うれしく思います。
小社へのご意見・ご要望などもお書きください。

ご協力ありがとうございました。
いただいたご感想は、全文または一部抜粋のうえ、本の宣伝等に使用する場合がございます。

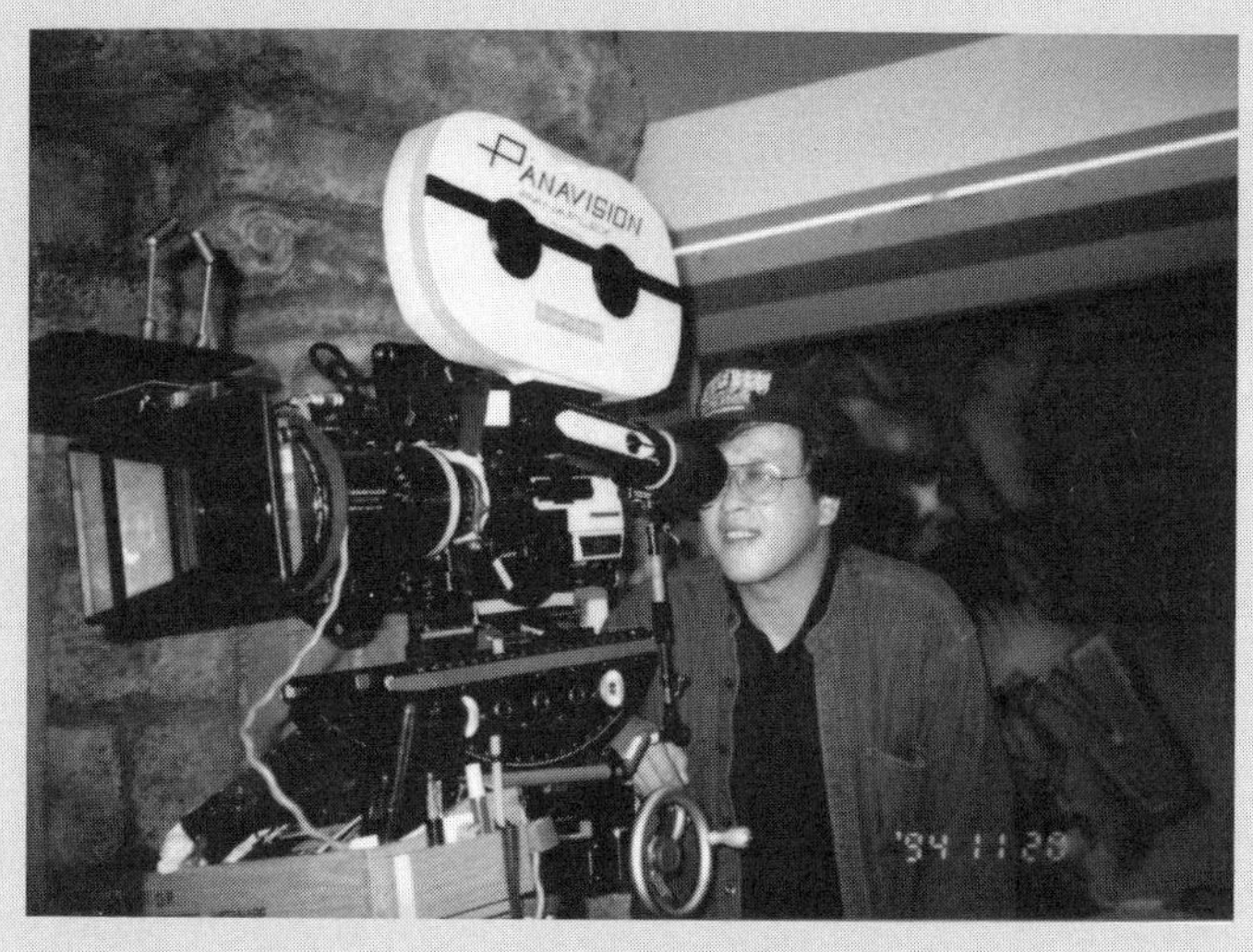


『明るくなるまでこの恋を』は、阪神・淡路大震災の復興事業で宝塚市に作られたミニシアター「シネ・ピピア」の開館を祝して制作された短編映画。大森監督が手がけたテーマ曲の歌詞（右頁）は、契約上の理由で封印されていたが、現在は大森監督作品の上映会のチラシなどに掲載され、映画人たちが思いを受け継いでいる。

大森一樹監督は、
生涯50作品以上の映画やテレビドラマを手がけ、
その傍らエッセイも数多く発表した。
ここからは、大森監督の著作や雑誌への寄稿から
厳選した文章を年代順に紹介する。

# 大森一樹 随筆集

# 赤い鳥逃げた？

「八月の濡れた砂」で、藤田みどりが、「奴ら」に言っていた。「そんなことばかりしていたら、今に、今に、きっとひどい目にあうから」と。そして、その言葉どおり、今度は、「奴ら」がひどい目にあう番なのだ。みんなでよってたかって、ひどい目にあわせたあの泥棒が、今度は、飛行機売りになって、大門正明をたたきのめすのだ。あの新宿のアウトローも、今や、あの時のかっこよさは、もうここにはない。

アベックをひやかすために小便をひっかけても、そのまま土手からすべりおちて足をねんざしてしまう。P・ニューマンとK・ロスを気取ってみても、二人乗りの自転車は、ついには、ひっくりかえってしまう。そして、「なんとかしなくっちゃ！」と考えた挙句の誘拐作戦も、おっそろしくあっけなく、失敗してしまう。そのつど、客席から笑いがおこる。冗談じゃない！　とっても笑ってなんかいられない。かっこ悪くて、みっともなくて、みじめで……それが、オレたちの「生きざま」なんだろうか？「遊ぶ」ということが、生きることだったはずだ。それだからこそ、終始、他人の意思、社会の仕組みから自由であり得るはずだった。だけど、そうやっていつまで生きていられるのか？　いつかは、社会の仕組みに組みこまれてしまうか、そうでなければ、「することがなくなりゃもう老人なんだ。誰も俺たちを探しちゃいない。誰も俺たちを待っちゃいない。このままじゃ俺は二八歳のポンコツさ……俺たちゃ中年を飛び越していっぺんにジジィになってしまう。」とつぶやくかだ。だったら、オレたちは、どうやって生きていけばいいのか？　こんなやりきれない疑問をあざ笑うかのように、あるいは、誠実に答えるかのように、映画は、「赤い鳥逃げた？」の「？」だけを残して、終ってしまう。

初出　「キネマ旬報」一九七三年三月下旬号「読者の映画評」／キネマ旬報社刊（二〇歳の頃）

## 夢を抱いたまま映画に
## つなぎとめられて生きていくこと

ぼくは日没の時間に敏感になったようだ。とりわけ、今頃の季節になると、何時頃に陽が沈みだし、何時になったら、ほぼまっ暗になるかということなんかには、他の人よりもずっと正確に答えられるだろう。思えば、二年前の秋、ぼくらの愛すべき零細撮影隊は、照明のほとんどすべてを太陽光線にゆだね、陽が暮れないうちにその日の撮影を完了すべく、まさに、夕陽と追っかけっこのスケジュールだったのだ。その後遺症は、二年経った今でも、ぼくを、なんとなくうれしがらせる。

もちろん、あの『暗くなるまで待てない！』という映画が、ぼくに残したものが、そんなにハッピーなものばかりであったわけではない。どちらかというと、ぼくは、今、あの映画に悩まされているのだ。二年ばかり前に、あの映画を観た人たちからは、そろそろ次の映画のことでも考えたら、などといわれる一方、雑誌や何かで、昨日初めて映画のことを知った人から、是非観たいのですが、と電話が入ったりする。「観せる」ことで初めて映画製作が完結するということは、よく言われてきたことだし、ぼくもそう思っている。しかし「観せきってしまう」のにまだ何年かかるかと思うと少々うんざりしてしまうのだ。自主製作と呼ばれる映画で、一人の作家が一本の映画を撮ってから、次の映画を撮るまでの時間は、撮ってしまった映画のためのものだろうか、これから撮る映画のためのものだろうか。もちろん、すべてではないにしても、前者のための時間がかなりの部分を占めるにちがいない。これは、ぼくだけではあるまい。ぼくと同じ頃に、自分の映画を引っさげて登場した他の作家たちも、そうだろうと思う。今は、そういう時期なのだ。そして、その、前の映画と次の映画との間にしなければならないことは、あまりにも多いはずだ。ぼくは、といえば、とりあえず、前の映画の製作費の後始末をしてしまおうと思っている。決して、借金の相手からせめたてられているわけではない。ぼくの映画は、たいてい安い製作費で作られているといわれる「自主映画」の中でも、ひときわ安い製作費で出来上がった。その上に、上映してもらえる機会にも、割と恵まれている。これだけの条件で、後始末ができなかったとなると、ぼく個人のみならず、後からこういった映画を撮ろうとする人たちにも、ゆゆしき問題ではないか?!

次の映画の準備の方だって、ゆっくりとではあるがスタートしている。

＊＊＊

「次は、海賊放送局のお話しやりたいんや。なんかこう四、五人ウジャウジャおって、車で海賊放送やりながら、どっか一つの場所に向って走っていくような…。それに、ポン、ポン、エピソードを、ほおりこんでいったら、どうかな」、『暗くなるまで待てない!』について、酒の勢いでさんざんからんできた友人に、ぼくはいってやった。要するに、彼は、ぼくに、もう映画で、映画の話はやめろというのだ。お前の映画は、どれも、映画青年が映画の画面の中を右往左往しているだけやないか、というのである。そんなことは、こっちだって百も承知だ。『空飛ぶ円盤を見た男』から『明日に向って走れない!』『死ぬにはまにあわない!』そして『暗くなるまで待てない!』と、ひたすら、ぼくは、映画と自分との隔たりということに、こだわり続けてきたつもりだ。そして、いってみれば『暗くなるまで待てない！』では、映画を一番自分の手許に近づけたつもりだった。さらに、もう一本『空飛ぶ円盤を見た男2　銀幕死闘篇』を蛇足と思いつつくっつけて、一応打ち止めにしたのだ。さて、それから、一番手許にもってきた映画というものを、今度は、一番自分から離れたところへほおりなげてやるのだと、豪語していたのだが、口では言ってみたものの、果して自分から一番遠くにある映画とは、いかなるものやらさっぱりわからなくなってしまい、投げるべく腕を上げたまま、フラフラと、よたったような不恰好な状態が続いていたのだ。そんなところに、きびしき御指摘をうけて、内心オロオロして、まだ、なんの型も整えていない話を、なんとなく口に出してしまったのだ。

「おもしろいんとちゃう、へたすると十年遅れの『イージー・ライダー』になるかもしれんけど」と彼。「そやから、あくまで日本ということで…。ちょっと、お前、プロットみたいなん書いてみいや」と、ぼく。後、なんやかんやいって、彼に考えをまとめてもらうことにする。

しばらくして、彼に電話してみると、なんか、麻薬の密売組織の男だとか、その情婦だとかが、放送局の奴らにからんで、その組織を捜査中の警察、私立探偵たちも巻きこんで……。聞いていくうちに、話しは、確かに、遠くへ、遠くへいくようだった。しかし、ぼくの考えていた「映画の遠さ」とは、違うことは確かだった。もちろん、そこは、高校時代からずっと映画のつきあいをしてきた彼のこと、最後には「あんまりおもろないようになってきたわ。こんなん映画になるんやったら、東映の方が、よっぽど、うまくておもろいんちゃうかな」と。

それではと、もう一度話を最初にもどして作り直しにかかる。今度は、ぼくの提案で、映画でやりたいことを、言いあってみようということになる。テクニックの上でも、ドラマの上でもとにかく、何でもいいから思いつくまま出してみて、逆に、例えば、信じられないような新しい方法を使いたいから、こういう話にしようというのはどうやろか、というのである。バディムの『血とバラ』なんか案外、そんなことから出来たのかもしれないな、など言いながら、やってみると、あれやこれやと結構あったりして……。脚本は、とても楽しく「難航中」というのが現状。

＊　＊　＊

たかが映画一本で、とは思ってみても、ぼくが『暗くなるまで待てない！』を撮ったために、引き受けてしまったことは確かに多かったようだ。とはいうものの、それは決して、日本映画がどうだこうだ、という大それたことでは、さらさらない。だいたいが『暗くなるまで待てない！』という映画自体、そんなことから、全く自由なところで作られたのだから。

ただ、映画につなぎとめられてしまった自分のことは、意識しなければならないだろう。もちろん夢を抱いたままでだ。

初出　『シナリオ』一九七六年一二月号／日本シナリオ作家協会刊（二四歳の頃）

# 一九八一年の切符（チケット）

「ぼくらの時代に対する様々な考察と『ぼくら』との間に横たわる空白。とりわけ青春『映画』なるものとの間にあるそれ。それを埋めるべく、ぼくらがぼくらの時代＝戦争も、焼跡も安保もない時代、について語ろうとするなら、何から語れというのだろうか。もう埋める必要はない、語る必要はないと思いつつも、どこかでこだわりがある……悶々……。『ぼく自身』だって、まぎれもない『ぼくらの時代』なのだという、半ば、やけっぱちの開き直りでもって、これは『ぼくらの時代』に関する一つの映画だというふうにしてしまおう」――

**これ**は、一九七六年の六月、僕の映画『暗くなるまで待てない！』が池袋地下劇場という映画館で公開された時に、パンフレットに書かせてもらった一文だ。現在でこそ八ミリ、一六ミリ映画が映画館でかかってもそんなに不思議でもなくなったが、その頃は、そういう映画――自分が一〇〇万円そこそこで作った一六ミリ映画が、映画館でかかるなどというのは、自分にしてみれば、ちょっと信じられないような出来事だったのだ。

そういう晴れがましい上映に際して書いた文なので、ちょっとよそいき風を気取っている感じもしないではない。しかし、「よそいき」ということは少なくとも、「自分をよく知っている人たちに向けて」というわけではないのだから、それなりに「未だ見ぬ他人に向けて」精一杯けなげに書いた文だと、今読み返してみても思う。

そういう意味で、これは、僕の映画のマニフェストだと言ってもいい。

ひたすら「自分」のことだった『明日に向って走れない！』（一九七二年）から、「自分の」と言えるもの――それは、自分の映画であり、自分の友達であり、自分の街であり、自分の生活であったりした――に関しての『暗くなるまで待てない！』（一九七五年)。それらを今度は、自分とは別のもの——年寄りだとか、中年の刑事だとか、ニューファミリーだとか、子供だとか——でサンドウィッチにしてみたら、いかなる味がするか? という『オレンジロード急行』(一九七八年)へ。『オレンジロード急行』に関して言うならば、いままでの自分とは別の映画の作り方まで体験するという、これは予定外のおまけまでついた。

と、まあ、こんな具合できて(なんだか、自分で自分の作品論をやっているみたいな様相を呈してまいりましたが……)、そして、八〇年、またしても、「自分の」一年間関わった小さい世界に関する映画を作ってしまった。それは医学生に関する映画だった。

「当時インターンであったハーヴェイ・カッシングはマサチュウセッツ綜合病院をいみじくも『われらの、この小さい世界』と呼んでいる。たしかに『小さい世界』であり、たしかに『われらの』ものであった。その世界は医師の世界であって、患者のものではなかった。医師はこの世界の動かぬ存在であり、患者は来ては帰る浮き草であったのである」(マイクル・クライトン著『5人のカルテ』)

この映画は「この小さい世界」を背景とした人間たちの話であり、実をいえば、僕自身が、一年間そこの住人だったのである。しかし、医師でもなく患者でもなく、一人の医学生として身を置いていた僕にとって、その世界は、もちろん「われらの、この小さい世界」ではなかった。僕はその世界で、決して「動かぬ存在」ではなく、「来ては帰る浮き草」でもなかったのである。

自分がたかだか一年間見ただけの世界を、しかもホヤホヤのままで、このような型で映画にすることに、とまどいとためらいがなかったわけではない。何年かの時間をおいて見つめ直してからとも随分思った。しかし、「動かぬ存在」でもなく、「来ては帰る浮き草」でもなかった者としての目差しが、いつまでもそのようにあり続けることもまた困難なことではないか？

そんな自問自答を繰り返しつつ、ようやくこの映画の一年六カ月に及ぶ旅が始まった。

シナリオを書いている間も、撮影をしている現場においても、僕がこだわり続けたのは僕が一年間関わった「この小さい世界」を、「僕の、小さい世界」としてではなく、むろん「われらの、この小さい世界」としてでもなく、見てもらえるかだった。

撮影は、手術室から便所に至るまで全て、本当の病院にカメラを持ちこんで行なった。古尾谷君は、本当に胃カメラをのまされ、蘭ちゃんは本当に注射器で自分で自分の血を抜いた。決して本当らしさ（リアリティ）が欲しかっただけではない。僕も含めて全スタッフ、キャストが、まず容器としての「この世界」をもう一度確認することから始めたかったのだ。そして、彼ら個々が「この世界」での自分たちなりの気分をつかんだ上で、新しく「彼らの、この小さい世界」を創りあげてみたかったのだ。

「彼らの、この小さい世界」——「この小さい世界」が「大きい世界」の縮図だなどという気はサラサラないが、まぎれもなく「大きい世界」の一部分であることは確かだ。どちらも、同じ時代の中で、同時に成立しているのだから。だとしたら「この小さい世界」を具体的に見つめていくことが、「われらの、この大きい世界」が何であるかを知る一つのとっかかりになってほしいと思うのだが……。

なによりもまず、「具体性」がなければならないということだ——「具体性」すら描けないのに、「時代」だとか、「世代」だとか、「青春」だの、「若者像」だの、「愛」だの、「うっ屈した怒り」だの、「生き様」だの、やれ「やさしさ」だ、「したたかさ」だ、

「暴力」だ（もの欲しげに「この映画のテーマは何ですか？」と聞いてくる人に限って、ここら辺の言葉を二つ、三つ適当につなぎあわせて言っておくと、納得してもらえるのだ⁉）そういった抽象的なことが、どうして描けるものだろうかと思う。

そして、僕にとっては、とりあえず「自分」が一番具体的なことだったということに他ならない。

それで、十年――多分、それは自分にとって悪いことではなかったんだろうと思う。しかし、決して自慢できたもんでもない。どちらかといえば、そのことのために、「映画監督」なんて呼ばれると、なんだか落ち着かなくなってしまうことも多いのだ。

敬愛する鈴木清順監督の「大森はあまりにも自分の身辺から発するんだよ。身辺って何もないわけだよ。ところが大島は身辺から発してないよ。主題の取り方は『愛のコリーダ』・阿部定でしょ。題材を自分なりに引き入れてくるわけだ。この操作の違いだよ。これ、大森やらないから駄目なんだよ。自分の身辺見つめたってあるわけないよ」という言葉を聞くまでもなく、そのことはずっと、僕をイライラさせ続けている。

自分とは別の具体的なものを見つけること――それは、次なる新しい「自分」を見つけることだと思うのだが……。

さて——八一年。

八一年、僕は一枚の切符を確かに手にしている。それは誰からもらったものでも、拾ったものでもない。

それは僕の買うべき切符だったのだ。

初出　『虹を渡れない少年たちよ』一九八一年／ＰＨＰ研究所刊　（二九歳の頃）

# 大好きな映画を自分の物にしておくために

「どんな映画を見て、映画を撮るようになったのですか？」
「映画を撮るきっかけとなった映画は何ですか？」

最近、何やかやの機会に、そういう質問をうけることが多い。何度聞かれても、すらっと答えられたことがない。その時の気分だとか、相手によって、答える作品のタイトルがちがったりするといった具合である。『007』、ゴダール、『冒険者たち』……どれも、そういう一本にはちがいないのだが、かと言って、その一本だけがきっかけとなって映画を撮り出したと言うには、嘘くさいような気がする。これといった一本というよりも、連続的な映画の流れのようなものなのかもしれない。うまく言えないが、映画を見続けることが、映画を撮るきっかけになった、というようなところだろうか。

中学二年の時、『007/危機一髪』(小説は別にして映画の方は『ロシアより愛をこめて』よりも、こっちのタイトルの方が、僕は気に入っている。だって、映画みれば、そう思うでしょ?)を見てしまって、すっかり僕は興奮した。そして、同時にすごくあせってしまった。今見たばかりのこんな凄い映画を、年月が経つにつれて忘れていくんではないかと、せっかちにも、見終った矢先から心配しだしたのである。

あの凝りに凝ったタイトルや、オリエント急行の中でのボンド(ショーン・コネリー)と殺し屋(ロバート・ショー)との大格闘、ヘリコプターに追われて、ボンドが草原の中を逃げまわるシーンなどの名場面はもちろんのこと、ボンドが、ミス・マネペニーから差し出されたダニエラ・ビアンキ(美しかったなあ!)のポートレートに、「with Love」とサラリと書き、後でちょっとその前に「from Russia」と書き加えるシーンや、モーターボートの上で、ビアンキが、口につっこんだ指を、いたずらっぽく抜いて差し上げ、風向きを調べるといったなんでもないしぐさまで、どんな小さなことでも自分の頭から忘れられていくことが、心配だったのである。

で、家に帰って、さっそく買ってきたパンフレットを、すみからすみまでくまなく読み、次の日には、早々とレコード屋にでかけて、マット・モンローの唄う主題歌の

『オレンジロード急行』（1978年）の撮影現場にて

レコードを買い、何度も何度も聴いていた。原作本も手に入れて、一生懸命に読んだ。かくして、僕は、大好きな映画を自分の物にしておくには、どうしたらよいのだろうか、と考え出したようである。

中学三年の時に見た『続・荒野の用心棒』の時には、劇場でねばって三回も見たあげく、学校の教室で、ホウキのライフルと、筆箱の拳銃で、みんなにバカにされながら〝続・荒野の用心棒ごっこ〟をおっぱじめた。それまでも、僕の〝映画ごっこ〟は知る人ぞ知るもので、『007／ゴールドフィンガー』を見た時は、オドジョップよろしく、学生帽の水平投げを一生懸命研究したり、『ネバダ・スミス』では、机から机へ跳びまわったりしていたのだが、この〝続・荒野の用心棒ごっこ〟で、棺桶がわりにゴミ箱をひきずって歩くにいたり、ついに、みんなから完全にバカにされたのである。

さすがに高校生になると、いくぶん冷静になり、新聞の切り抜きや、チラシをスクラップすることを覚えた。また、丹念にパンフレットや、映画ファン雑誌を読みあさり、自分の頭のスクラップブックに一本一本の映画を、きちんとスクラップしていった。気に入った映画については、その想いを時々、ノートに書き綴ったりもした。

『冒険者たち』とは、そんな僕が、高校一年生の時に出会った。初めて見た後、僕の心は、正に無重力の世界を舞うような気分だった。それから、いったい何度見たことだろう。僕はひたすら『冒険者たち』を追いかけまわした。一度も行ったことのなかった映画館まで足をのばした。

口笛のメロディに乗って複葉機とダンプが走って行く。夕陽のパリの郊外を背景にレティシア（ジョアンナ・シムカス）がやってくる。レティシアが海に沈む夕陽を見つめながらつぶやく。

「海にいると、都会よりもずっと夕陽が遅く沈む」

レティシアの弟が、

「ぼくも宝物持ってるよ。あそこ！」

と指さした先に、海に浮かぶ要塞が望遠でとらえられて口笛のメロディ、その要塞に向うマヌー（アラン・ドロン）とローラン（リノ・ヴァンチュラ）、要塞を見あげる二人のショットに、レティシアの声がかぶさる……。

それは、もう、どんなにスクラップしてもしきれない映画であり、どんなに書いても書ききれない想いであった。もうスクラップでもない。書くことでもない。

その瞬間から、僕は「映画を作るんだ！」と決心した——ということになれば、かっこいいのかもしれないが、なかなかそうすんなりといくものではない。確かに、自分の頭の中を映画を作るということが、少しずつ占めはじめてきてはいたのだろうが、カメラはあっても、一番簡単な八ミリカメラ、まして作るお金などどこにもない。『００７』や『冒険者たち』みたいな映画などできるはずもない。

映画を作ることへの導火線はひかれていたが、それに火をつける手順が必要だった。そのためにゴダールの映画と出会わなければならなかった。

映画ファンなら誰だってそうであるように、僕にも人好きな映画が何本もある。また、その大好きな映画を自分の物にしておくために、何が自分にできるだろうかとも考える。『イージー・ライダー』が大好きだった僕の友達は、オートバイで日本縦断の旅に出た。フランス映画の大好きだった少女は、そのままフランスに行ってしまった。いまだに、『エデンの東』のジェームズ・ディーンの歩き方で歩いている人がいる……。

そして、僕は映画を撮り続けることになった。そういうものだ。

初出　『虹を渡れない少年たちよ』一九八一年／ＰＨＰ研究所刊　（二九歳の頃）

# 映画の「味」について

京都にすこぶるうまいラーメン屋がある。透明のだしではなくて、何を入れて作ってあるのかさっぱりわからないドロドロのスープに柔らかめの麺がドップリつかっていて、僕は生まれてこの方、こんなうまいラーメンを食ったことはないし、今、日本中でこれ以上にうまいラーメンはないと信じている。東京に行った時に、何回か「おいしいラーメン屋」を紹介されたことがあるのだが、とてもとても、そこのスープの味には、足元にもおよばない。そのつど、こんなラーメンをうまいと思っている人がちょっとわからなくなると同時に、僕がうまいと思っているラーメンの味はこれですと、あの京都のラーメンを差し出したくなるのだが。

しかし、ラーメンのうまい、まずいが「送り手」であるラーメン屋から「受け手」である僕ら客へ「味」という、人の舌に多彩な像を呈するものによって決められている限り、いくら僕がそのラーメンに肩入れしようと、「しつこい味だ」とか「食べた後、口がベトベトするだけや」とか楯つく奴がいるのも、残念ながら事実である。僕の方も、それが個性的な味であることを知っていて、だから、人によっては勧めてよいものかどうかかなり迷うわけである。

この文章を読み始めた人は、もう、僕がそのラーメン屋について書こうとしているのではないということは、とっくにわかっていらっしゃると思うのだが、ついついその中華そば専門店の話になるとこだわってしまうようで申し訳ない。自分としても情けない。たかが、ラーメンではないか⁉

つまり、映画にも「送り手」がいて「受け手」がいて、ちょっとイヤな言い方だけど「味」があって……なのである。そして、言うまでもなくその「味」は多彩なのである。

だから、ラーメンの「味」が「アン・アン」や「ノン・ノ」に「ラーメンのおいしい店を訪ねて」なんて宣伝されたり、偉い人の手によって「私の気に入った味」などとのたまわれると、てっきりそのラーメンの「味」が一つしかないものだと「受け手」が勘違いしてしまうような悲劇が、映画にだってあって当然のことかもしれない。『天国から来たチャンピオン』。「送り手」としてのセンスは決して悪いとは思わない。だけど問題は「受け手」の方だ。京都の映画館は若いカップルでいっぱい。か弱い少年が、なんとか女の子を誘うのにちょうどいい映画かもしれない。その少年の「か弱さ」が問題だというのではない。どちらかと言えば微笑ましいとさえ思う。問題は、こっちの神経を逆なでするようなあのけたたましい笑い声だ。いくら「か弱い」からって初めて映画を見たわけじゃないんだろう?　登場人物が「ギャー」とわめいたからといって手をたたいてまで笑うことはあるまい。『ピンクパンサー４』の場内も満員。こういう映画で笑える人もいるんだなあと思いつつも、しかしそんなにバカ笑いしてはしゃぐほどのことでもないではないかと、正直な話。

結局のところ、僕が最近一番ストレートに笑えたのは、ガラガラの映画館で見た『ファール・プレイ』だった。友人から「お前の喜びそうな映画だよ」と聞いていた通り、登場人物の大真面目な勘違いの連続を、まず作者が楽しんだ上で映画にしているような感じが、まことに僕の喜びそうな映画であった。

まあ、何をおいしいと言おうと勝手なように何をおもしろいと言おうとその人の勝手なわけで、この映画をおもしろがれない人が少なすぎるなどと乱暴なことを言う気はさらさらない。しかし、「思いっきり笑って下さい」と宣伝にあったから、「ほんとうにあの映画は泣けますよ」とテレビで言ってたからといって、わざわざ笑ったり、泣いたりすることは「送り手」にとっても「受け手」にとっても不幸なことだろう。映画館でワンワン泣かれたって、僕はあまりそういう映画につき合う気はないから結構としても、しかし「思いっきり笑って下さい」の方は、もう少し気をつけていただきたい。いくら入場料を払ったからといって、自分の「笑い」を安売りしてしまったら、それは問題だ。少なくとも僕にとっては。

昨年暮、某テレビ局の番組で高校生の八ミリ映画を見せてもらったことがあった。その時に、カメラのアングルを巧みに変えてさもロッククライミングをやっているように見せておいて、最後にアングルを戻すと、地べたを一生懸命這いまわっておりましたというギャグに、スタジオに集まった百人近い高校生の間でドオッと大笑いが起こった。同席していた藤本義一氏が後で、その映画の作者たちに「あんなギャグは、僕らが二十年前にテレビで一生懸命やっていたもんですよ」と、チクリ。僕はといえば、そのギャグの「送り手」よりも、むしろバカ笑いしてしまう「受け手」の方にかなり不満だった。

初出『虹を渡れない少年たちよ』一九八一年／ＰＨＰ研究所刊（二九歳の頃）

# 映画のエンターテイメントについて

「映画はやっぱり、エンターテイメントでなければならない」とか、またある人は「近頃の若い映画作家は口を開けばエンターテイメント、エンターテイメントと空騒ぎしおって」とか……。

いささか他人事のように書いてしまったけれど、そのように言う人にしてみればその若い映画作家の一人に、大森一樹の名前も確実に入っているようだし、あるいはそれどころか、その空騒ぎの張本人の如く思っている人も少なくないようだ。

むろん、エンターテイメントなどといった言葉は言ったこともありませんという風に白白しく否定するつもりはないにしても、少しは言いたいこともないではない。言いたいことというのは、ほんとに少しで、実に簡単なことなのかもしれない。つまり「エンターティメントとは何ぞや！」ということにつきるようだ。いや、実に簡単なことなどと、ゴウ慢な言い方はよそう。その実に簡単なことのために、ちょっとした――いや、かなり大きな――混乱が様々な人や場所で起こったりしていることも事実なんだから。

＊　＊　＊

先に、エンターティメントなんて言葉を言ったことはないなどと否定するつもりはないと書いたが、実際のところ最近ではできるだけ使わないようにしている。それは、エンターティメントという言葉を発する時、自分の思っている意味と受け手との間で微妙にズレがあるなどといった生やさしいことではない。僕の思っているエンターテイメントと、相手の思っているエンターティメントとが全く違うんではないかと、ゴウ慢にも思いはじめているわけだ。

大火災、大地震、派手なカーアクションや、ドンパチ、はたまた想像を絶する怪物や、悪霊が画面をにぎわせることだって、映画の一つのエンターティメントの在り方にちがいない。しかし、それだけが映画のエンターティメントの全てではあるまい。ただのエンターティメントではない。映画のエンターティメントなのである。要は。

例えば、少なくとも映画というものは、撮りたい物なり、人なりがあって、それが定着したフィルムの一コマ一コマがあって、それがいくつか集まって一つのカットと呼ばれるものになり、その一カット一カットがいくつか集まって一つのシーンと呼ばれるものになり、その一シーン一シーンがいくつか集まり、さらに音楽がのっかって一つの映画となる——そのような過程をふまえて構築されるのが映画であるとしたなら、撮りたい物や人だけがその要素とは限らず、どの過程においてでも、映画のエンターティメントを生み出す要素でありうると思う。『スター・ウォーズ』が秀れたエンターティメントの映画であると思うのは、その見世物的想像力もさることながら、その想像力を丹念にフィルムに定着させ見事につないでみせたことだと、僕は思う。

多分、人はスクリーンの前に座った時、どのようなものを見せてくれるのだろうかと期待しているのにちがいない。そして、その体験によって、自分を新しい「気分」に導いてくれる、あるいはもっと積極的に導こうとしているのではないだろうか。だとしたら、自分たちの見たことのないような新しい物や、自分たちの日常では見られないものを見ることだけでなくても、新しい「気分」をその人の中に生み出させることは可能だと思う。

なにも、大金を投じて作った見世物だけが映画のエンターティメントではないはずだ。大金がなければ、エンターティメントはできないというのは嘘だと思う。映画が作られる過程において、エンターティメントを生み出す要素は無限にあるはずだ。対象をおどろくような形でフィルムに定着させるエンターティメントがあってもいいし、シーンとシーンのつながり、カットとカットのつながりが、見る人に新しい気分を生みだすといったエンターティメントがあってもいいのだと思う。

＊＊＊

なんのことはない、これは映画の原則論ではないか⁉「映画がエンターティメントでなければならないなんてのは、あまりにも自明のことだ」という人の言葉を持ち出すまでもなく、こんなことは映画の大原則にちがいない。僕がエンターティメントについて言いたいことがあるとすれば、「これだけは言っておきたいから、ちょっとシンドイけれどガマンして見て欲しい」という映画は、僕は作る気はないし、見たくもないということだけなのであって、つまり、それが僕の言うエンターティメントという言葉に対する最低のモラルなのだということだ。

何を今さら、と言われるようなことかもしれないが、それにしては「映画はおもしろくなければばならない」といった、ちっとも鋭くない意見が結構多いような気もする。多分、たいていの作り手は「おもしろい映画」を作ろうとしているのだ。もし、それがおもしろくないものであったとしても、決して彼は「おもしろくない映画」を作ろうとしたのではなく、それは彼の「おもしろさ」がスレ違っていたり、まちがったりしていたからなのだと思う。「映画はおもしろくなければならない」と言ってしまうのは簡単なことだ。しかし、「何がおもしろいのか？」について答えるのは、そう簡単なことではないだろう。それは作る方にとっても見る方にとっても――。映画の歴史というのは、多分、そのことに答えることの歴史だと言っても大げさではないように思うのだが……。

初出　『虹を渡れない少年たちよ』　一九八一年／ＰＨＰ研究所刊（二九歳の頃）

# 炎のランナー

マラソンを見るのが好きだ。時間の許す時なら、スタートからゴールまでずっとテレビの前に座っている。別にひいきのランナーがいるわけでもない、手に汗握って見ているわけでもない。

何が面白くて——と聞かれると少し困る。マラソンが人生に似ているからだなどとしたり顔で言う気はないが、映画に似ているからだとなら言うかもしれない。一人のヒーロー物あり、二人の決闘あり、集団劇あり……、二時間十分前後という長さも、確かに映画に近い。

*

一九八四年のロスオリンピックのマラソンを、僕はシナリオライターの丸山昇一と一緒に旅館のテレビで見ていた。

僕らは吉川晃司の『ユー★ガッタ★チャンス』のシナリオの詰めで旅館に籠っていた。前の晩もああだこうだと深夜にまで及んだのだが、朝からマラソンだというので、旅館の人にモーニングコールしてもらって、眠い目をこすってテレビの前に座った。前の晩、監督のわがままをさんざん聞かされてゲンナリしていた丸山さんもほどなく起きてきて、僕と並んだ――「マラソンじゃないけど、晃司だって歌手やってなかったら、水球で今頃はロスにいたかもしれないね。そうしたら、俺もこんなにしんどい目して、シナリオ書いてなかったのに」などと言いながら。

そういえば、吉川は一九六五年生まれだから、一九六四年のオリンピックの時はまだこの世に存在すらしてなかったのか――走る瀬古を見ながら、そんなことを考えた。思えば、僕がマラソンを見るのが好きになったのは、多分、あの一九六四年の東京オリンピックのマラソンからだったはずだ。あれは、もう僕らが語りつぐべき、〝伝説〟

のひとつになってしまったのだなあ……。

＊

〝円谷〟を〝つぶらや〟と読むことになんの抵抗もなかったのは、その時すでに、東宝の高名な特撮監督の名前が、自分の中にあったからだ。だから、その時、僕はすでに映画なんかにちょっと夢中になり出していたのかもしれない。中学一年生の時である。

その年の一〇月、週二回あった体育の授業は実技はなく、四十五分間、テレビの前に座ってクラス全員がオリンピックを見ていた。どれだけ学校が東京オリンピックを大儀に考えていたか、容易に想像できるだろう。それでも足りず、さらに最終日には、僕ら全校生は校庭に並び、校長先生の言葉――「当校としては、東京オリンピックに関して、特に何も諸君にしてあげられなかった。そこで本日は授業を昼までにして、家でマラソン競技を見てもらうことにしました。家にテレビのない生徒は学校に残って学校のテレビを見てもらって……」――というなんともはや、そこまで悔恨に打ちひしがれなくてもよいではないかと思うぐらいの心づくしの言葉を聞いて、昼から家に帰った。
白黒のブラウン管の中には走る哲学者のようなアベベの顔があった。そして、円谷がいた——限界を越えたかのように揺れていた体、ヒートリーに抜かれる一瞬の、痛みと絶望の顔、そして、ゴールインした後、グラリと前に垂れてしまった……。そして、その四年後、「もうすっかり疲れ切ってしまって走れません」という遺書を残して彼が自ら命を断つまで——語りつがなければならないことは余りに多い。

＊

マラソンが映画に似ているなどというのは、やはり尊大なのかもしれない。映画がマラソンに似ているだけで、マラソンは映画にはちっとも似ていないのかもしれない。

初出 『星よりひそかに』一九八六年／東宝株式会社 東宝出版事業室刊（三四歳の頃）

「僕が何になりたいか言ってやろうかな？なんでも好きなものになれる権利を神様の野郎がくれたとしてだよ」

J・Dサリンジャー『ライ麦畑でつかまえて』より

高校時代、よく映画を一緒に見に行ったり、八ミリ映画を一緒に作ったりしていた友人たちとたまに会うことがある。彼らはもう映画とは全く関係ない仕事に就いているビジネスマンである。先日も、その一人に会った。「あれ見たか？　面白いぞ」といった調子で彼が最近見た何本もの映画を、高校時代そのままに楽しく語るのを聞いていると、彼の方がいまだに映画と幸福な時を過ごしているようで、思わず嫉妬してしまった。映画を職業にさえしていなければ、僕も彼のように、高校時代と同じように胸ときめかせながら、映画を見ていられただろうに――と。

映画を見た後で、「どうだった?」「面白かった?」と聞かれても、何と答えていいのかわからないことが、最近ある。どうも映画を見ていながら、映画を見ていないようである。

例えば、『フラッシュ・ダンス』を見た時である。イントロのJ・ビールスが自転車で早朝の朝もやの街を走るシーン。「ああ、この撮影は大変だっただろうな。一日じゃ撮れない。三日、四日、いや一週間かもしれない。毎日みんな朝四時ぐらいから起きてやったんだろうな」。ダンスシーン。「あっ、こりゃダンスは吹き替えでやってるんだな。だから、ライトを真逆にあてて、顔がシルエットになるようにしているんだな。フムフム」「カメラは最低三台はまわしているな、ぜいたくだなァ、やっぱり」etc……。これじゃ、映画を見終わって「よかったですか?」と聞かれても困るわけだ。

好きなことや趣味はそのままでとっておいて、それで商売しようとか職業にしようと思わないことだ、とはよく高校時代にいわれたものである。しかし、かつて演劇青年だったという噂の先生が、文化祭の時、大はりきりで高校生たち相手に演出している姿を見ていると、やっぱりあれじゃないぞと心のどこかで思っていたもんである。

――どうして、ほんまの演劇をやらないんだ。

しかし、それもまた――である。

ならば、逆に、今のお前の趣味はなんなのだ――とたずねられれば、困ってしまう。日曜日に釣りに行くわけでもないし、ゴルフをやるわけでもない。麻雀とか競馬とか賭け事とも縁がない。ましてや盆栽などいじるわけがない。レコードを聞いたり、小説や漫画を読んだり、映画を見たりはするが、これは映画監督の仕事のひとつといえないこともないので、純粋な趣味とはいいがたい。高校時代は、映画を見たり作ったりしてますといえば、それはそれで立派な趣味だと思ってくれる人もいたのだが。趣味がそのまま職業になったのだから、幸福じゃないか――と言われれば、いささか気恥ずかしい。心苦しくさえなる。いや別に、趣味の多い人が豊かな人だと信じているわけではないが、ひとつしかない趣味を職業にしてしまったというのは、なんとなく貧しい気がしないでもない。実際、唯一の趣味を職業にしてしまうというのは、逆に最も不幸なことではないかと、最近思う次第である。

先生をやりながら、年一回文化祭の時に生徒たちと大好きな演劇にめいっぱい取り組む。仕事の終わった後、休みの日に自分の好きな映画を好きなだけ見る。自分の好きな演劇、映画と幸福な関係を永遠に持ち続けるひとつの方法、いやひょっとして唯一の方法かもしれないと、皮肉ではなく思える。

僕の『暗くなるまで待てない！』の主人公の一人を演じた栃岡章君は、その後高校の先生になった。ある八ミリ映画のコンテストの審査員をやっていたら、「脚本・栃岡章」とあった。同姓同名かと思ったら、そうではなかった。後で聞くところによると、彼は自分の高校に映研を作り、堂々と顧問に就任し、自分で書いた脚本を生徒に撮らせて応募したそうである。そういえば以前、『11PM』に『暗くなるまで待てない！』の一部が放送された時、彼は、「ありゃ困るよ」としきりに言っていた。「生徒が見ていて、次の日、えらい冷やかされたんやで、俺も教師やし困るんや」――それはそうである。なんせ、彼が女に愛を告白し、その女に抱きつく所が延々とテレビで流されたのであるから。

趣味を職業にしなかったばかりに、いまだに悪戦苦闘している人もいる。

＊

趣味を職業にしたことが幸福だったか、不幸だったかはわからない。しかし、誰に決めろと言われないで自分で職業を決められたということは、幸福だったと思っている。

誰だって自分の職業ぐらい自分で決めている——といわれるかもしれない。でも、そうだろうか？　例えば、自分の職業を決める時期ひとつをとってもである——自分の意志や事情にかかわらず、国の教育制度によって、答えを出さなければいけない時期が自動的に決められているのではないだろうか？

具体的に、まず義務教育が終わった後、高校へ進むか否か、高校でも普通科、商業科、工業科——ここで選択がある。次が高校を卒業する時。大学へ進学するか否か、大学の何学部に進むか？　そして大学を卒業する時。どこの会社に就職するか？——かくして、みんなそのつど自分が何をやりたいか、何に向いているだろうかと考える。

しかし、考えてみれば、日本の同じ年齢の若者たちがある時期がくると一斉に何になりたいか決める必要はどこにもないではないか？　一〇歳で決める人もあれば、二〇歳で決める人もいる、三〇歳で決める人も、もっとそれ以上年をとってから決める人もあっていいのではないかと思う。自分が何をやりたいか、何に向いているだろうかというのは、そもそも、そうすぐにわかるものではない。へたをすれば一生かかってもわからないことなのかもしれないのだ。一〇歳の時に自分がやりたい仕事と、二〇歳の時にやりたい仕事がちがうのは当然であり、十年同じ職業をやって初めて、自分はこの職業に向いてなかったと知る人も少なくないだろう。

僕が大学の医学部に入った時に、ちょっと意外だったというか、安心したのは、自分はほんとに医者になるんだろうか、なれるんだろうか、なってもいいのだろうか、向いているのだろうか……etc と思っている人間が結構いたことだ。もちろん、僕もその一人であったのだが——。医者こそ自分に与えられたもっとふさわしい唯一の職業だと信じていた人がもっといるのかと思ったら、そうでもなかった。意外に少ない。考えてみれば、十八か十九かそこらで、何の迷いも不安もなく自分の一生の進路を決めることができる人間などそうはいないのかもしれない。

いや、なにも国の教育制度を非難しようというのではない。ただ——。

ただ、制度に抗する意志は持っておいた方がいいだろうとは思う。でなければ、「何にでもなれる」と信じていた少年少女の夢は、この国では、いとも簡単に「何にしかなれない」という現実に変えられていくのだから。

かつて、広島カープにホプキンスという外人選手がいた。カープが初優勝した年に、シェーンと一緒にチームに大きく貢献した選手だ。その後、南海ホークスにしばらくいた後、帰国した。彼は今、母国で医者をやっているという。カープ在籍当時から、暇を見つけては広島大学医学部に出入りしたり、遠征にも医学書を携帯し、移動の途中や果てはベンチでまでそれに目をやっていたそうである。そのため野球がおろそかになったかというと、少なくとも彼はカープを優勝に導くだけの働きをした（優勝を決めた巨人戦でのホームランは、カープファンでない僕でも覚えている）。

一度、テレビで広島戦を見ていた時に、そのことを取り上げて、解説者が「困るんですよね、そういうの。もっと野球に気合いを入れてもらわんと、プロの野球選手なんだから」といった調子で喋っているのを聞いたことがある。もちろん、プロ野球選手の精神論に口をはさむつもりはないし、彼の才能をほめちぎろうというものでもない。

それでも、高校野球で大活躍した高校生がプロ野球からの誘いに、どの球団にするか、いや大学に進学するとかで、新聞が大騒ぎし、本人はひどく悩んで深刻な顔になり、ついには両親がでてきて「この子の一生の問題ですから、なかなか簡単には決められません。もう少し考えさせて下さい」とか言ったりするのを見ていると、いつもそのホプキンスのことを思い出す。

初出 『星よりひそかに』一九八六年／東宝株式会社 東宝出版事業室刊（三四歳の頃）

# 日本映画の明日はどっちだ

「日本映画はこれからどうなる」といった質問を受けたり、それについて原稿を頼まれたりすることが最近多い。

「どうもならんのとちがいますか」――と答えてしまっては、ミもフタもないとは思う。しかし、嘘もハッタリもなく、誠実に答えようとすればするほど、そうとしかいいようがなくなってしまうのも事実だ。

もちろん、日本映画の関係者の一人として、これからの日本映画が決して楽観的なものではないことぐらいは、映画製作の現場で感じている。しかし、ここ一、二年の日本映画の観客動員数の減少なんかを取りあげて、その危機的状況をウンヌンされると、ちょっと待てよという気にもなる——何をいまさらである。

今から一五年ぐらい前、そう、僕が高校生の時である。八ミリ映画を一本撮った僕は、すっかり得意になって「映画監督になるにはどうしたらいいのだろうか」と試しに調べてみたことがある。結果は、その方法はなかった。映画会社は助監督の採用をすでにやめており、あまつさえ宣伝部の社員採用の項には「いわゆる映画青年といわれている方は要りません」と書かれていて驚いたのを覚えている。

思い出せば「エロ・グロ・ヤクザ」「低迷・混迷」「日本映画はどうなる」「日本映画の伝統の灯を消すな」——と言われていた時代である。大手映画会社に抗して、監督中心の独立プロがATGと作った一千万円映画が高い評価を受け、逆に大手である日活と大映が息もたえだえになっていた。危機的状況というならば、そう変わりはなかったと思う。

映画の黄金期と呼ばれる時代までさかのぼれば、話は別なのだろうが、僕らテレビ第一世代にとって、その時代の記憶はうすい。少なくとも、僕が映画に興味を持ち、映画を見ることに夢中になり、そして自分たちで映画を撮ろうとした頃から、すでに日本映画は危機だったといえる。

あれから、いったいどう変わったのか？——
お前みたいな八ミリ小僧が映画監督と呼ばれるようになったではないか。

1984年のPFF（ぴあフィルムフェスティバル）審査会議にて

確かにそうかもしれない。しかし、変わったのは僕であり、決して日本映画ではない。なにも、自慢しているわけではない。自分の力のなさを感じているのだ——自分が変わったことが、日本映画を変えられなかったことに他ならないのだから。で、「どうもならんのとちがいますか」となってしまう。

例えば、同じ間に、アメリカ映画は確実に変わった。変えたのは映画会社でも、状況でもない。コッポラ、ルーカス、スピルバーグといった監督たち個人とその作品が、アメリカ映画の在り様をすっかり変えてしまったのだ。もちろん、アメリカ映画と日本映画をそのまま比べてしまうことの愚かしさは、充分承知しているつもりである。しかし、ひとつひとつの才能と作品が、日本映画を変えられるか？

〝若手監督の時代〟だそうである。確かに映画賞やベストテンは新世代の監督たちで占められるようになってきた。しかし、例えば、一九八五年のマネーメーキング監督（つまり一番金を稼ぐ映画を作った監督）は市川崑監督であり、一番金を使った映画を作った監督は黒澤明監督だ。〝若手監督の時代〟はまだまだだ。

初出『星よりひそかに』一九八六年／東宝株式会社 東宝出版事業室刊（三四歳の頃）

# 十五年目の『ヒポクラテスたち』

「大森さんのなかで一本といえば、やっぱり『ヒポクラテスたち』ね」とは、いまだによく言われる。まだ数本ぐらいしか作品がなかった十年前なら、そんなものかなというぐらいだったが、十数本撮った現在では、確実にムッとなる。あれから何本映画を作ったと思っているんだ、すべてが『ヒポクラテスたち』よりも優れているとは言わないが、一本や二本、あれよりはいい映画もある――と自分では思っているわけだ。

確かに『ヒポクラテスたち』は、自分で言うのも何だが、いい映画だと思う。しかし今、ビデオで観ると、かなり心臓に悪い、血圧も上がりそうだ。いたるところで、このサイズは何だ、何というカット割り、苦しい編集だ……、おまけに二時間十分という長さ、今なら二時間におさめられるのに、などと愚痴ばかり出てくる。「そこがいいんですよ、今はうまくなりすぎて、どうも……」などと言われると、もう完全に血管破裂である。

だから、「もう『ヒポクラテスたち』みたいな映画撮らないんですか？」と聞かれたりすると、「どうして、またああいう映画を撮らないといけないんですか？」とくってかかり、質問者を狼狽させてしまうことになる。何も、作る必要があるかないかの問題ではないと思うし、ほんとうのところ、作ってもいいなと思うこともあったぐらいだ。もうあんな映画撮れないんだろ？と思われることを異常に警戒しているだけかもしれない。ピーター・ボグダノビッチが、ついに処女作『ラスト・ショー』を越える映画を作れなくて、『新ラスト・ショー』を作ってしまうことが、何だか映画監督として哀しい気が、僕にはするのだ。

ただ、それだけではない。「『ヒポクラテスたち』みたいな映画」を撮るのに少しばかり抵抗があったのは、たぶん、『ヒポクラテスたち』を観て医者になろうと決め、ほんとうになってしまった人たち――なかには、大学を辞めて、もう一度医学部を受け直した人もいると聞く――のことがどうしても気になっていたからだろう。僕の映画を観て映画監督になろうと思った人がいても、それはそれでいいんじゃない、であるが（ほんとに、そんな人がいるのだろうか？）、医者になられてしまうとそうはいかない。ささやかな罪の意識すら感じてしまう。それが、そう簡単に「『ヒポクラテスたち』みたいな映画」を作らせなかったといっても、決して大袈裟ではない気がする。『ヒポクラテスたち』から十五年も経ってしまった。僕が学生時代を過ごし、そのまま『ヒポクラテスたち』の撮影にも使った学生寮は、その後も数多くの後輩たちが、僕や、映画の登場人物たちと同じように、寮会議を開き、大論争をしながら毎日を過ごしたことだろう。そして、そのなかの一人は、オウム真理教の最高幹部となり、多くの事件に関わることになった。彼が『ヒポクラテスたち』を観たかどうかは知らないが、ともかく、僕の感じていたささやかな罪の意識などとは別の意識を持たなければならないようだ。十五年というのは、それぐらいの歳月かもしれない。

『緊急呼出し　エマージェンシー・コール』は、だから、僕にとって十五年目の『ヒポクラテスたち』なのである。そして、それはどういうわけか、よく似ているところがある。他人に指摘される前に言っておくと、原田、ニッキ、カティと、古尾谷雅人、伊藤蘭、真喜志きさ子の配置は、最初に原作を読んだときも、脚本を書いてるときも、撮影中も全く気づかなかったのだが、出来上がってみて、よく似ていることに気がついた——何だか、自分で自分の作品分析をしているようだが、映画というものは、時に、作ってみて初めて、自分の姿や意志に気づくこともある。映画監督はこれだから楽しい。

カティと真喜志は、配置だけでなく結末もどこか似ている。しかし、ニッキと伊藤蘭の、主人公との結末はまるで正反対である。恋人の悲劇に対して、古尾谷は精神のバランスを失い、伊藤蘭は自殺し、二人は永遠の平行線となってしまうのだが、『緊急呼出し』の真田広之は、一時バランスを失いかけるのを、ギリギリのところで踏みとどまり、ニッキとのハッピーエンドを迎える。『ヒポクラテスたち』の主人公とヒロインは、顔を見合わせれば、すぐ隣りに手を差しのべあう相手がいたにもかかわらず、まっすぐ前を見たまま、自分の生き方をまっとうした。それが七〇年代の潔さであり、美学だと信じていた。だから『ヒポクラテスたち』のラストは、あれしかなかったと思っている。

が、しかし、九〇年代の『ヒポクラテスたち』は、潔く顔を見合わせる。そして、その姿は絶対に美しくなくてはならない――それが、僕にとっての十五年目の『ヒポクラテスたち』であり、それは、とりもなおさず『ヒポクラテスたち』の若さへの、『緊急呼出し』からの問いかけである。もちろん、僕は、その両方どちらも正しいと信じる。

初出　「月刊カドカワ」vol.13 no.12　一九九五年／角川書店刊（四三歳の頃）

## 映画監督にできること
## 『わが心の銀河鉄道　宮沢賢治物語』

「**世界**がぜんたい幸福にならないうちは個人の幸福はあり得ない」という賢治の言葉に、どこか懐かしさを憶えるのは僕だけだろうか？　それは、誰しもが幼い頃、一度は胸の内に秘めた願い、自分以外の世界を知った子供が、一番最初に抱く世界観、理想ではないだろうか。たぶん、大人になるということは、様々な現実のなかで、それが「個人が一人一人幸福にならないうちは世界ぜんたいの幸福はない」というふうに変わっていくことなのだろう。自我の確立とか、成長するということは、そういうことかもしれない。

僕らは、そうやって大人になった。そして、幼い頃「世界がぜんたい幸福にならないうちは個人の幸福はあり得ない」と信じたことなど、すっかり忘れてしまったようだ。もちろん、世界ぜんたいの幸福の前に、個人一人一人の幸福がなければならないということは、決してまちがってはいないし、容易いことだとも思わない。むしろ、大人は、そのことの困難さと戦っている毎日だ。だがしかし、新聞やテレビのニュースが伝えるこの国の現在の有様を見ていると、ふっと思ってしまう——僕らは、あまりにも大人になりすぎたのではないだろうか。

宮沢賢治は大人になっても「世界がぜんたい幸福にならないうちは個人の幸福はあり得ない」と信じ続けた人である。もちろん、誰もがみんな、宮沢賢治のような大人になれるわけではない、しかし、誰もがみんな、かつて宮沢賢治のような子供であったとはいえるはずだ。もうすぐ二十一世紀を迎えようとしている現在、宮沢賢治を映画で描くのは、そのことを伝えたいためだと言ってもいい。

とりたてて熱心な宮沢賢治ファンだったわけでもないし、研究家でもなかったのだが（この映画をやって初めて、そういうファンや研究家がものすごく多いことを知らされた）、監督を引き受けたのは、やはり、あの大震災の影響が少しはあると思う。芦屋で被災して以来、よく震災をテーマにした映画を撮る気はありませんかと聞かれたが、実際に体験した人間としては、体験以上の表現というものはなかなかできないものだと、よくわかった。それよりも、震災直後の混乱から復興に向けての動きのなかで、映画を作る者として何ができるか、大袈裟に言えば、大災害に対して芸術は何ができるかというほうが大きな問題だった。そんな時に冷害、ひでりで貧困にあえぐ東北の農村を、芸術でなんとか救えないかと奔走した宮沢賢治の姿は、その結果がどうであれ、とても惹かれるものがあった。

とっかかりはいつになくまじめすぎるようだったが、いざ資料を読み、取材していくと、いつもどおり「映画はエンターテインメント」の精神で、この映画を一人でも多くの人に見てもらうのにはどうしたらいいか、さらに緒形直人、水野真紀、椎名桔平、袴田吉彦らの若い人気スターたちをキャスティングしたのだから、十代、二十代の若い観客も意識しなくてはならない、となってくる。今の時代の観客となると、やはり、「昔々、宮沢賢治という人がいました」ではなく、「現在宮沢賢治という人が生きていたら……」という描き方しかないな。

が、しかし、そうは言っても実際にどう具体的に表現すればいいか。

ちっとも使いこなせないパソコンを前に、そんなことを考えている時に、ふと思いついた。いつも首からシャープペンシルをぶらさげ、ポケットにはメモ用の手帳を入れていた宮沢賢治が、電子手帳、ノート型パソコンを持っていたら、彼の言う心象スケッチも、どこでもすぐに入力できただろう。肥料設計のデータ、農業肥料関係の資料も全部入れて、どこの農家をまわっても、目の前で表示できただろう。それに、友人や父親にあてて書いた何百という手紙も、電子メールで送っただろう。彼の作った羅須地人協会だって、ホームページを作ればインターネットで世界中にその存在を知らせることができただろう。そう考えると、宮沢賢治が現在生きていれば、まさに、このパソコンとインターネットの時代を大喜びでサーフしたことだろうと思えてくる。

僕の映画の宮沢賢治像は、そのあたりを入口に始まった。大正から昭和を生きた、頭はいいけど、ちょっとおかしな人ではなく、現代を生きていれば、この時代を堪能し目いっぱい生き抜いたであろう人として描ければ――。月並みな言い方だが、早すぎた天才に、ようやく時代が追いついてきたと言ってもいいだろう。

撮影の準備を始めると、この物語の舞台が大正時代であることに気づかされた。平成の時代のどこを見渡しても、宮沢賢治の生きた風景はない。どんな部屋で父と言い争い、どんな道で友と語り合い、どんな村で農民と生きようとしたのか、映すべき背景は白紙なのだ。

カメラマンの木村さんが、その経験をいかし、的確なロケハンで決めた花巻農学校、僕よりまだ若い美術の松宮さんが、資料の山から想像力を駆使して作り上げた宮沢家のセット——それらの風景に緒形＝賢治が入りこんだ時、僕の中に、賢治の生きた時代と、やろうとしたことが見えはじめてきた。資料をいくら読んでも、もう一つわからなかったこと、あれだけ話し合っても、自信を持てなかった人物像、それらがまるで透き通るように見えてきた。

とりわけ、京都郊外に原寸大で建てられた羅須地人協会や「下の畑」で撮影している時、僕は賢治の夢見た空間に足を踏み入れたような感覚になった。フリースペース、ワークショップ、カルチェラタン……僕らが過ぎ去った時代に、友達とあれほど語り合った空間。実際の羅須地人協会も「下の畑」も、こんなに優しい情景ではなかったかもしれない。けれども、賢治がそこで見た夢はたぶん、こんなふうではなかっただろうか——夜の庭で賢治たちが弦楽四重奏の練習をする美しいシーンを撮影しながら、僕は五次元の彼方へ行ってしまった宮沢賢治にこの映画を見てほしいと、ほんとうに願ってしまった。

先にも書いたように、宮沢賢治のファン、研究家はおどろくほど多い。そちらのほうから、様々な意見、批判はでるかもしれないが、それは覚悟の上。ゴジラの映画を撮った時も、熱烈なゴジラフリークから、ああでもない、こうでもない、という声をいっぱいいただいたが、それは、僕の描くゴジラ像なり、賢治像にそれだけ多くの人が注目しているのだという幸福だと受け取るべきだと思う。

一本の映画を作るたびに、その作るきっかけ、経過、結果、反響はおもしろいほど変化してくる。そういう意味では、映画という生き物を、そのたびに誕生させ、育てているということなのかもしれない。映画監督という仕事がはたで見ているほど楽しゃないとぼやきつつも、はたで見ている以上におもしろくて、だからやめられないのはそのあたりではないかと思う。

初出　『震災ファミリー』一九九八年／平凡社刊（四六歳の頃）

## 映画を教える仕事

映画を作ることも、見ることもこれまでやってきた。しかし、映画を教えることとは初めてである。

実は、一九九七年の四月から、立教大学文学部の非常勤講師として、「比較芸術論」の講義を受け持つことになったのである。教育課程の幅を広げ、大学の講義というものをもっと魅力的にするために、こういう講座を増やしていきたいという趣旨に異論はないので引き受けた。講座の題目は大学のほうで決められたので、なんだか僕にもよくわからないのだが、内容は過去の名作を見て、映画の見方を学ぶというごくシンプルなものである。

講義案内には、次のようなことを書いた。

たとえば、外国の映画を見て、自分が知らなかった国の生活や風景に出会ったとしたら、たとえその映画で描かれている恋愛があまりにも調子よすぎて馬鹿みたいであるとか、テーマがくだらないとかであろうと、その映画に学ぶべきことがなかったということにはならないだろう。ただ、それだけで映画はいいのかと言われれば問題はある。しかし、映画を見るという体験は、おもしろかった、つまらなかった、テーマが良かった、悪かった、あの俳優が魅力があった、なかったというような一元的なことではなく、もっと多元的で豊かなものであるとは断言できる。個人的なことだが、アメリカや香港、アフリカを旅行した時などに、どんなストーリーで、誰が出ていたかも忘れてしまっているのに、この街、この景色は絶対に昔映画で見たことがあるという経験に何度も出会った。映画を見ることの豊かさとはそういうことでもある。

もちろん、本講座では映画を見て、世界の観光スポットを探そうというのではない。映画を見ることの豊かさとはどういうことなのか、それはたぶん、文学的でも音楽的でもない、「映画的なもの」の発見ということにもなるだろう。限られた時間の中で、そこまで導いていけるかどうかいささか心許ないが、映画はそれを見た総ての人にダイアモンドに見えるものではない、人によっては灰にしか見えないこともあるということは知っておいていただきたい。

さて、「映画は文化である」というのは概ね万人が認めていることである。一方で「映画は娯楽である」というのも真実である。この二つの間で、人は時として映画について大いなる混乱と誤解に陥るような気がする。つまり、あたかも映画には文化的水準の高い映画と単なる娯楽映画の二種類があるというような錯覚のことである。錯覚というより大まちがいといったほうがいいだろう。映画というのは、そんなに薄っぺらで底の浅いものではない。でなければ、百年の歴史など作れるわけがない、と思う。

映画は文化であることと映画は娯楽であることは、相反することではないし、ましてや、映画を二つに分けることでもない。同一のことなのである。それを証明するには、もうひとつ「娯楽は文化である」ということの認識さえあれば、いとも簡単なことである。すなわち、映画は娯楽である、また、娯楽は文化である、故に、映画は文化である。「A＝B　B＝C　∴A＝C」ということである。

ただ「娯楽は文化である」という認識を持つということは、どうもなかなか難しいようである、とりわけこの国では。そこから、日本人論の一つも展開できそうであるが、もちろん、それは本講座の主旨ではないので、略する。

ここで言いたいのは、「娯楽は文化である」という認識は、映画を見る姿勢によってしか生まれないということであり、その姿勢とは、とりもなおさず、映画の見方を学ぶということである。そして、その教育は私の知る限り、この国では全くなされていないということである。小、中学校の義務教育で、音楽、体育、美術の授業はあっても、映画の授業はないのだ。本講座は、いささか遅きに失したかもしれないが、その一歩となることを願っているのである。

具体的には、講義は毎回一本の映画を見て、それをテキストにしてやっていく予定である。テキストとなる映画の選択については、映画史上の名作でもなく、かといって趣味的な隠れた名作でもなく、できるだけスタンダードな映画をとりあげたい。

さすがに大学の講義案内ともなると、すっかり、気負ってしまって、読んでいていささか気恥ずかしくなってしまうのだが、要は、近頃、映画の見方を知らない、わからない若い人が増えている、ということだ。映画を見てつまらなかったら、それは映画のせいだけでなく、自分になにか足りないからかもしれないなどとこれっぽちも思わない、だから、映画を見てもなんの成長もない。

そんな人間が増えたのは、義務教育に音楽、体育、美術の授業はあっても、映画はないからだというのが僕の持論である。

決して暴論でないと思うのは、音楽やスポーツ、美術的センスはこの二十年で著しく変化しているのに、映画的センスだけがそのまま、いや後退しているとさえ思えるからだ。日本映画の衰退が語られる時、いつも映画の製作現場や劇場といった環境の話ばかりで、人的環境が問題にされることはない。もはや、製作費や入場料などの小手先でどうなるものではない、人材を育てるシステマチックな教育機関ももちろんだが、もっと根本的に観客を育てることから始めなくてはならないところまで来ていることに、どうして気づかないのだろう。

と、ここまで言うと、なんだか個人的恨み辛みで教壇に立ってるみたいだが、講義は講義内容ほど気負ってはいない。とにかく、どういうわけか（映画を見て感想を書いたら単位がもらえるという噂でも広まったのだろうか）、受講生がめちゃくちゃ多く、二百人ほどの教室だとなんと立ち見が出るのである（前・後期のレポートによる採点は四百人以上もあった！）。映画館がこれぐらい入ってくれるといいのにと思いつつ、その数に圧倒され、柄にもなく気後れしてしまうこともしばしばあった。
あっというまに一年が終わってしまったが、果たして、講義案内で息まいたことの半分もできたかどうか疑問である。ただ、開き直るわけではないが、見ることや作ることはできても、映画を教えることは一映画監督にできるものではないということはよくわかった次第である。

初出『震災ファミリー』一九九八年／平凡社刊（四六歳の頃）

# 映画監督の心のケア

一九九七年の暮れも押し詰まった日曜日、僕は、来週の餅つき大会の準備のことを話していた。九六年の暮れ、復典工事でごったがえすマンションの駐車場で、熊谷組と僕ら役員会で、工事中何かと不便をかけている住民や近隣の方々のために、ささやかな餅つきを企画した。これが子供からお年寄りまで好評で、今度は町内全体でやりましょうということになり（半分は自分が言い出したのだが）、震災で倒壊し更地になったままの近所のお宅をお借りして、年忘れ町内餅つき大会となった。またしても、言い出した僕はその世話人の一人になったのである。

「大森さんは、町内餅つき大会の世話なんかやってる限り、自殺なんてされないわね」。話が一段落したとき、年輩の芦屋婦人からにこやかに言われた。その日は、伊丹十三監督の自殺が報じられた日だった。彼女がどれほど本気でそう言ったのか、その表情からはわからなかったが、僕は苦笑しながらもかなり本気でその言葉を受けとめた。

伊丹監督の自殺のほんとうの理由を僕は知らない。しかし、同じ職業のものとして、少々乱暴な言い方をさせてもらえば、映画監督ほど、ちょっとしたことですぐに死にたくなる人間はいないのではないか。期待に胸ふくらませて準備中に、突然中止を言い渡された時、雨のため何日も撮影が止まったままじっとホテルにいる時、興奮したほどでもなかった時、初号試写が終わり、打ち上げの後一人になった時、事情もよく知らないくせに、ラッシュを見て現場でしたり顔で書かれた映画評を読む時、とっくの昔のことと思っている作品がやたらほめられすぎる時、客がほとんどいない劇場で自分の映画を見る時、次の仕事が待てども来ないのに、今何を撮っているんですかと聞かれる時……。もちろんそんなことでいちいち死んでいたら、映画監督なんて何人いても足らない。誰しもそれぞれの方法でまぎらわしたり、忘れるようにする。しかし、それらは本人の気づかないところで確実に蓄積されているのだということを、最近カウンセリングの先生から聞いた。そして、その蓄積が、なんでもないことがきっかけとなり一気に爆発することがあるそうだ。だとすれば、伊丹監督だけではない、黒澤明監督の自殺未遂も、北野武監督のバイク事故もわかるように思えてくる。

最近、行き詰まりを感じていたようだなどと、もっともらしいことをいう「事情通」がいるが、バカな監督でない限り、行き詰まりなど一本目を世に出した時から始まっていることを自覚している。にもかかわらず、一本でよせばいいのに二本も、三本も撮るから蓄積していくのだ。僕など、次で二〇本目だ。危険物指定である。

しかしながら、友人、河島英五さんの『いくつかの場面』の中にある「いつも何かが唄うことを支え、唄うことが何かを支えた」というフレーズは、「唄うこと」を「映画を撮ること」に代えれば、そのまま自分のことだといつも思う。そして、僕の「何か」はたぶん、餅つき大会、つまり、家族を含めた生活のフィールドの中にあるということが、この三年、震災からの生活の復興、自宅マンションの復興を通してよくわかったような気がする。

だから、餅つき大会をやってる限り、自殺はないというのは（予測不能の一〇パーセントを除いて）九〇パーセント正しいと思うのである。

初出　『震災ファミリー』一九九八年／平凡社刊（四六歳の頃）

## 君たちがこの世に生まれてきた意味は、僕の心を動かした一〇〇本の映画の中にある

# 子供たちへ

亡くなった父の勤め先の私室の後片付け、亡くなった母の住んでいたマンションの荷物の整理、どちらも手間も時間もかかって大変でした。多分、僕が亡くなった後の部屋、仕事場の整理もそれ以上に大変なことになると思います。「立つ鳥、跡を濁さず」とは人間なかなかいかないものです。でも、父、母の生前の部屋、荷物を整理する時間は、父や母と過ごす最期の濃密な時間だったと思います。だから、君らもためることなく、息をついてないで早く僕の部屋の整理にとりかかって下さい。

肌身離さず持っていて欲しい形見のようなものはありません。机の上や引き出しの中の筆記具、パソコン、古い手帳、はがき、手紙、本箱の資料、冊子、押入の衣類、靴、鞄、帽子、どんどん捨てていって下さい。買いだめした未使用のノート、ペン、消しゴム、値札がついたまま一度も着ていないジャケット、コート、ズボン、よくもこれだけ要らないものを買ったものだと呆れることでしょう。日曜ごとにフリーマーケットを開いても一年分はあるはずです。しかし、本棚や物置に積み上げられた未発表、未映画化の生原稿の束の中には、映画化されれば脚本料が入るのがあるかもしれないし、原稿用紙に手書きのゴジラの初稿、コンテなど、高い値をつけてくれるマニア、映画ファンがいるかもしれないので取扱いには要注意。オークションにかけて一儲けできるなどという保証はもちろんありません。

とはいえ、遺言ですからそう簡単に捨ててもらいたくないもののことも書いておきます。それは特注で作りつけた棚にズラリと並んだ一〇〇〇タイトル近いビデオ、レーザーディスクのコレクションのことです。これは古今東西の名作だけを集めたものではありません。中には名作中の名作といわれるものもありますが、あまり知られていない、吹けば飛ぶようなマイナーなものから、首を傾げるような凡作、こんな映画があったのかという怪作、めったにお目にかからないような珍作と多種多数。僕がかってみた映画で、死ぬまでにもう一度見たいというものを、長い時間かかって集めたものです。自分が不治の病となり、ただ死を待つだけになった時、病院のベッドの前にモニターを置いて朝から晩まで見ようと集め出したのですが、あれもこれもというちに気がついたら一〇〇〇本近く、これじゃ毎日五本見ても二〇〇日もかかってしまうことになり、とうとう全部見ることができないままになってしまいました。

そういうわけだから、捨ててもらいたくないだけではなく、僕の遺志をついで何年かかってもいいから一本、一本見ていってほしいのです。全部といったらうんざりするかもしれないから、半分、いや、興味の持てるものだけでも。それだけの時間はまだ君たちには残されているはずです。

僕の生涯は映画を抜きには語れません。映画監督という職業だったから以上に、これらの映画と出会わなければ、全く別の人生を歩んでいたと思うからです。別の結婚をしていれば、君たちもこの世に生まれていなかったかもしれないわけです。そういう意味では、いささか強引ですが、君たちがこの世に生まれてきた意味もきっとこの一〇〇〇本の中にあるはずです。

もちろん、その中には僕の映画、テレビ等の作品も二〇数本（この遺言を書いている現在ですから、もっと増えていてほしいのですが）あります。「映画監督の遺言は自分の作った映画全てだ」というのは、なかなかかっこのいい台詞なのですが、いざ自分の作品をふり返ってみると忸怩たる思いです。ただ、作った年齢の自分の姿は確実に見えてはきます。だから、僕の作品はフィルモグラフィーで何歳の時に監督したかを調べて、君たちが同じ年齢になった時に見るのもお薦めです。

死んだ者が生きている者にあまり細かく指示し過ぎるのもどうかと思うので、この辺でやめにしておきます。とにかく、映画との出会いが君たちの人生を最良のものにしてくれれば、僕は君たちの父親でよかったと思うし、君たちも僕が父親でよかったと思ってくれるんじゃないかというだけです。

君たちに「シックスセンス」があれば、どこかでまた会えるでしょう。質問があればその時に。では、さようなら。

初出　『すこし早めの私の遺言』二〇〇〇年／マガジンハウス刊（四八歳の頃）

LONGEST DAY
PLEIN SOLEIL

## 大森一樹 年譜

**1952年** 0歳

3月3日　大阪市東住吉区に生まれる
父は神鋼病院の医師、
母は専業主婦、姉がひとり

**1962年** 10歳

芦屋市に引っ越し
大阪市立東田辺小学校から
芦屋市立宮川小学校に転校

**1964年** 12歳

芦屋市立精道中学校入学

**1967年** 15歳

私立六甲学院高等学校入学

**1969年** 17歳

**『革命狂時代』** 8ミリ
**『白い旅人たち』** 8ミリ

**1970年** 18歳

高校卒業、浪人生活に入る

**1972年** 20歳

京都府立医科大学入学
**『ヒロシマから遠く離れて』** 8ミリ
**『空飛ぶ円盤を見た男』** 8ミリ
**『明日に向って走れない！』** 8ミリ

**1973年** 21歳

オールナイト特集上映
グループ「無国籍」を結成

**1974年** 22歳

**『死ぬにはまにあわない！』** 8ミリ
神戸福原国際東映にて**『人斬り五郎』『怪獣』『グループサウンズ』**など
計8回の上映を実施

**1975年** 23歳

**『暗くなるまで待てない！』**
16ミリ／全国各地で上映会
**『空飛ぶ円盤を見た男 2 銀幕死闘編』** 8ミリ

**1977年** 25歳

シナリオ**『オレンジロードエクスプレス』**第3回城戸賞入選

**1978年** 26歳

4月　**『オレンジロード急行』**（松竹）公開〈監督・脚本／出演：嵐寛壽郎、岡田嘉子、森本レオ、中島ゆたか、小倉一郎、原田芳雄〉
著書**『MAKING OF オレンジロード急行』**（ぴあ刊）
**『夏子と、長いお別れ（ロング・グッドバイ）』** 16ミリ

**1980年** 28歳

3月　京都府立医科大学卒業
8月　京都府立医大の学友、岩崎聖子と結婚。神戸にて結婚式
11月　**『ヒポクラテスたち』**（ATG）公開〈監督・脚本／出演：古尾谷雅人、伊藤蘭、光田昌弘、狩場勉、柄本明、真喜志きさ子、小倉一郎、阿藤快、内藤剛志、斎藤洋介〉

12月　学術映画『**前立腺の病気と予防**』16ミリ〈監督・脚本〉
12月　長女・美季誕生

## 1981年

**29歳**

10月　著書『**虹を渡れない少年たちよ**』(PHP 研究所刊)
12月　『**風の歌を聴け**』(ATG) 公開〈監督・脚本／出演：小林薫、真行寺君枝、巻上公一、坂田明〉

## 1982年

**30歳**

ディレクターズカンパニー結成

## 1983年

**31歳**

5月　医師国家試験に合格
10月　学術映画『**尿路結石と微小発破**』16ミリ〈監督・脚本〉

## 1984年

**32歳**

2月　『**すかんぴんウォーク**』(東宝) 公開〈監督／出演：吉川晃司、山田辰夫、鹿取容子、宍戸錠、原田芳雄、田中邦衛〉

## 1985年

**33歳**

2月『**ユー★ガッタ★チャンス**』(東宝) 公開〈監督／出演：吉川晃司、浅野ゆう子、柴俊夫、佐藤蛾次郎、小松政夫、山田辰夫、アパッチけん、辺見マリ、宍戸錠、原田芳雄〉
6月　『**法医学教室の午後**』(日本テレビ「水曜ロードショー」) 放送〈監督・脚本／出演：菅原文太、紺野美沙子、大江千里、佐藤オリエ、小倉一郎、寺尾聰〉

## 1986年

**34歳**

4月　『**テイク・イット・イージー**』(東宝) 公開〈監督／出演：吉川晃司、名取裕子、つみきみほ、上杉祥三、宍戸錠〉
4月　著書『**星よりひそかに**』(東宝出版事業室刊)
8月　『**それいけ！ズッコケ三人組**』第21回「ハレー彗星がやってきた」(宝塚映像制作)〈監督・共同脚本／出演：三角八朗、夢路いとし〉
11月　『**法医学教室の長い一日**』(日本テレビ「金曜ロードショー」) 放送〈監督・脚本／出演：菅原文太、紺野美沙子、大江千里、佐藤オリエ、小倉一郎、寺尾聰〉
12月　『**恋する女たち**』(東宝) 公開〈監督・脚本／出演：斉藤由貴、高井麻巳子、相楽ハル子、柳葉敏郎、菅原薫、小林聡美、原田貴和子〉

## 1987年

**35歳**

8月　『**トットチャンネル**』(東宝) 公開〈監督・脚本／出演：斉藤由貴、渡辺典子、村上里佳子、網浜直子、高嶋政宏、久野綾希子、三浦洋一、植木等〉
12月　『**「さよなら」の女たち**』(東宝) 公開〈監督・脚本／出演：斉藤由貴、古村比呂、朝加真由美、竹内力、山田辰夫、又野誠治、雪村いづみ、浅茅陽子、伊武雅刀〉
12月　『**ハワイの奇蹟、宇宙に一番近い島**』(フジテレビ) 放送〈脚本〉
12月　長男、一翔誕生

## 1988年

**36歳**

10月　『**女優時代**』(読売テレビ) 放送〈監督／出演：斉藤由貴、根津甚八、森本レオ、相楽晴子、川谷拓三、小林桂樹〉
10月　『**妖女の時代**』(東宝) 公開〈脚本〉

## 1989年
37歳

6月　著書『**映画物語**』（筑摩書房刊）
10月　『**花の降る午後**』（東宝）公開〈監督・脚本／出演：古手川祐子、高嶋政宏、梅宮辰夫、古尾谷雅人、高品格、桜田淳子〉
12月　『**ゴジラVSビオランテ**』（東宝）公開〈監督・脚本／出演：三田村邦彦、高嶋政伸、沢口靖子、高橋幸治、田中好子〉

## 1990年
38歳

5月　『**ぼくが医者をやめた理由**』（テレビ東京）〈脚本〉
8月　『**ボクが病気になった理由**』公開（アルゴプロジェクト／3話オムニバス）〈第2話『ランゲルハンス・コネクション』監督・脚本／出演：名取裕子、ラサール石井〉

## 1991年
39歳

9月　『**満月 MR.MOONLIGHT**』（松竹）公開〈監督・脚本／出演：時任三郎、原田知世、石黒賢、森本レオ、上田耕一、奥村公延、武野功雄、天宮良、柳葉敏郎、日下武史、加藤治子〉
12月　『**ゴジラVSキングギドラ**』（東宝）公開〈監督・脚本／出演：中川安奈、豊原功補、原田貴和子〉

## 1992年
40歳

8月　『**継承盃**』（東映）公開〈監督／出演：真田広之、古手川祐子、緒形拳、川谷拓三、隆大介〉
12月　『**ゴジラVSモスラ**』（東宝）公開〈脚本〉

## 1994年
42歳

3月　『**シュート！**』（松竹）公開〈監督／出演：SMAP（中居正広、木村拓哉、稲垣吾郎、森且行、草彅剛、香取慎吾）、水野美紀、小高恵美〉

## 1995年
43歳

阪神淡路大震災に自宅マンションにて被災
1月　『**大失恋。**』（東映）公開〈監督・共同脚本／出演：加藤雅也、鈴木京香、瀬戸朝香、武田真治、辰巳琢郎、中谷美紀、西島秀俊、野村宏伸、袴田吉彦、萩原聖人、水野美紀、森且行、山口智子、山崎直子〉
11月　『**緊急呼出し　エマージェンシー・コール**』（日本ヘラルド映画）公開〈監督・共同脚本／出演：真田広之、鈴木京香、シンシア・ラスター、大江千里〉
12月　『**炎の料理人　周富徳物語**』（フジテレビ）放送〈監督／出演：堂本光一、吉川ひなの、高橋かおり、山下真司、片岡鶴太郎〉
12月　『**ゴジラVSデストロイア**』（東宝）公開〈脚本〉

## 1996年
44歳

10月　『**わが心の銀河鉄道　宮沢賢治物語**』（東映）公開〈監督／出演：緒方直人、水野真紀、椎名桔平、袴田吉彦、原田龍二、斉藤由貴、星由里子、渡哲也〉

## 1997年
45歳

6月　『**ドリーム・スタジアム**』（東映）公開〈監督／出演：萩原聖人、牧瀬里穂、桃井かおり、池内博之、斎藤洋介、八名信夫、金田正一、張本勲、王貞治〉

## 1998年

46歳

3月　著書『**震災ファミリー**』（平凡社刊）

6月　『**ジューンブライド　6月19日の花嫁**』（松竹）公開〈監督・脚本／出演：富田靖子、寺脇康文、椎名桔平、南野陽子〉

## 1999年

47歳

11月　『**明るくなるまでこの恋を**』（シネ・ヌーヴォ）公開〈監督・脚本／出演：桂あやめ、野口貴史〉

## 2000年

48歳

4月　大阪電気通信大学総合情報学部メディア情報文化学科教授就任（～2005年3月）

7月　『**風を見た少年**』（アニメ／ブエナ・ヴィスタ・インターナショナル）公開〈総監督〉

9月　『**ちんちろまい**』（SPE）公開〈祭主恭嗣、中嶋竹彦、渡辺謙作と共同監督・共同脚本／出演：武田鉄矢、牧瀬里穂、床嶋佳子、後藤理沙、高杢禎彦、小松政夫、千葉真一〉

12月　『**ナトゥ　踊る！ニンジャ伝説**』（日本ヘラルド映画）公開〈監督・共同脚本／出演：南々見狂也（南原清隆）、ネハ・ドゥピア、宍戸錠〉

『**駅に住みよし**』（企業PV）〈監督・脚本／出演：南野陽子〉

## 2001年

49歳

1月　著書『**あなたの人生案内**』（平凡社刊）

3月　『**最悪**』（BS-i）放送〈監督／出演：沢田研二、角替和枝、西田尚美、斎藤洋介〉

4月　『**走れ！イチロー**』（東映）公開〈監督・共同脚本／出演：中村雅俊、浅野ゆう子、川口和久、浅田美代子、石原良純〉

『**明日からの記憶**』（企業PV）〈監督／出演：須藤理彩、萩原聖人〉

## 2003年

51歳

1月　『**T.R.Y. トライ**』（東映）公開〈監督／出演：織田裕二、黒木瞳、渡辺謙、丹波哲郎、夏八木勲〉

4月　大阪芸術大学映像学科客員教授就任

## 2005年

53歳

4月　大阪芸術大学映像学科同大学院教授就任（～2022年11月）

12月　『**劇場版　超星艦隊セイザーX　戦え！星の戦士たち**』（東宝）公開〈監督／出演：高橋良輔、進藤学〉

## 2006年

54歳

4月　大阪芸術大学映像学科学科長就任（～2022年11月）

10月　『**悲しき天使**』（ファーストウッド・エンタテインメント）公開〈監督・脚本／出演：高岡早紀、岸部一徳、山本未來、河合美智子、筒井道隆、松岡俊介〉

## 2007年

55歳

3月　『**黒い春**』（WOWOW）放送〈監督／出演：高嶋政伸、牧瀬里穂、名取裕子、大和田伸也、寺田農〉

## 2008年

56歳

12月　『**空へ　救いの翼　RESCUE WINGS**』（角川映画）公開〈共同脚本〉

12月　オムニバス映画**『The ショートフィルムズ／みんな、はじめはコドモだった』**（リトルバード）公開
〈第3話『イエスタデイワンスモア』監督／他の監督は井筒和幸、崔洋一、阪本順治、李相日／出演：高岡早紀、佐藤隆太、岸部一徳〉

## 2010年
58歳

**『風に向って走れ！芸大女子駅伝部』**

（大阪芸術大学）〈共同監督／出演：津田寛治、田丸麻紀、黒田耕平、小野寺昭、増田明美〉

## 2011年
59歳

2月　**『世界のどこにでもある、場所』**（グアバ・グアポ）公開
〈監督・脚本／出演：熊倉功、丸山優子、坂田鉄平、松村真知子、水野久美〉
4月　**『津軽百年食堂』**（日活・リベロ）公開〈監督・共同脚本／出演：オリエンタルラジオ（藤森慎吾、中田敦彦）、伊武雅刀、藤吉久美子、福田沙紀〉

## 2012年
60歳

**『スニーカージェネレーション』**
（大阪芸術大学）〈共同監督・共同脚本／出演：大杉漣、木下ほうか、森川美穂、黒田耕平、妹尾和夫、浜畑賢吉〉

## 2014年
62歳

**『装甲巨人ガンボット』**
（大阪芸術大学）〈本編演出・製作統括〉

## 2015年
63歳

10月　**『ベトナムの風に吹かれて』**
（アルゴ・ピクチャーズ）公開
〈監督・共同脚本／出演：松坂慶子、草村礼子、藤江れいな（NMB48）、奥田瑛二〉
10月　第28回東京国際映画祭コンペティション部門審査委員

## 2016年
64歳

**『大芸大に進路を取れ』**
（大阪芸術大学）〈共同監督・共同脚本／出演：本上まなみ、妹尾和夫、浜畑賢吉、藤吉久美子、タージン、前野朋哉〉

## 2021年
69歳

**『虹の彼方のラプソディ』**
（大阪芸術大学）〈製作統括／出演：津田寛治、森川美穂、伊藤洋三郎、木根尚登、タージン〉

## 2022年
70歳

11月12日　急性骨髄性白血病のため兵庫県内の病院で逝去。

初出

「わが心の自叙伝」(P6〜91)は、神戸新聞にて2023年1月から7月まで連載されていたエッセイです。その他の文章の初出は、各篇の末尾に記しました。

**映画監督はこれだから楽しい**
**わが心の自叙伝**

2023年11月12日　初版第1刷発行

著者

大森一樹

発行者

孫家邦

発行所

株式会社リトルモア
151-0051 東京都渋谷区千駄ヶ谷3-56-6
Tel. 03-3401-1042　Fax. 03-3401-1052
www.littlemore.co.jp

印刷・製本所

株式会社シナノパブリッシングプレス

協力

片岡達美(神戸新聞)　植田豪

イラストレーション(カバー・扉)

伊野孝行

ブックデザイン

赤波江春奈+日下潤一

Printed in Japan　ISBN 978-4-89815-579-0
乱丁・落丁本は送料小社負担にてお取り換えいたします。